AI
に負けない
読解力を付ける
「書き換え法」

後藤貞郎●著

国土社

◉目　次◉

第一部　「書き換え法」の提案

第二部 「書き換え法」の実際

第一部　「書き換え法」の提案

■はじめに（「東ロボくん」と、「リーディング・スキル・テスト」の与えた衝撃）

昨今、ＡＩ（人工知能）が将棋や碁の世界で、人間の名人を凌駕する能力を見せたり、自動翻訳、自動車の自動運転などに使われ、その能力に驚かされる事態に至っています。そして、その道の研究者新井紀子氏が、東大合格を目指す「東ロボくん」を作り、その能力アップの研究をしたところ、MARCHレベルの有名私立大学合格の能力までになったのでした。

相当な力を発揮したＡＩの技術とはどのようなものなのでしょうか。いくつかの技術があるようですが、最近の主流は、人間の常識や文法を差し挟まず、多くのデータから理解・イメージ形成を抜きにして、確からしいものを統計的に選択するという方法のようです。「東ロボくん」はこのような方法で、入試問題に向かったのですが、そこそこの成績をおさめ、多くの生徒が「東ロボくん」に負けたのです。

この事態に危機感を抱かれた新井氏は、問題文の読解でつまずいていると予想し中高校生の基礎的読解能力を調査されました。以下は新井氏の著書『ＡＩ vs 教科書が読めない子どもたち』（東洋経済二〇一八年二月刊）から得たものです。六つの分野に分けてテストした結果は、当て推量・サイコロふりで正解する率（ランダム率＝四択なら二五％、三択なら三三％）にも達しない正解率の生徒がどのくらいいるか見ると、衝撃的なものでした。受検した最高学年である高校二年生で、高率の分野では六五・七％、低率の分野でも六・二％に達しました。ＡＩには得意分野と不得意分野があるのですが、ＡＩが不得意で歯が立たない分野の一つ「推論」において、人間の生徒でありながら中三から高二で四割ほどの生徒の正解率はランダム率かそれ以下でした。

これではＡＩが発達する世の中でＡＩに負けないことをウリに能力を買ってもらうことができません。本来人間がＡＩに勝ることが期待される分野においてＡＩ並みの能力しか発揮できない者は、ＡＩに取って代わられ失業するか、何か別のメリットを考慮されてかろうじて雇われるかの運命にあります。ですから、ＡＩが人間に代わって仕事する分野が増える時代、時代に対応して、国民全体に最低限の生活を保障する「ベーシック・インカム（基礎所得）」の制度を持つことが論じられています。（一部の有能な人間が富を独占し、お金が世間に出回らなければ、モノやサービスを買ってくれないことになり、結局資本家や産業界も困ってしまうので、働かない人にもお金を配る必要があるわけです。）そういう時代、多分余暇は増えるでしょう。そういう時代、生産に関係がない読書も人間の文化生活を豊かにしてくれることでしょう。こういった意味からも、人間らしい読解力が求められるはずです。もちろん、ＡＩに負けない能力（その基本的なものの一つが読解力）を買われて働けるに越したことはないでしょう。読解力は付けたいものです。

■読解力の低さの原因

なぜ、このようにひどいテスト結果が生じているのでしょうか。ここで例に挙げた「推論」の問題例は次のようです。

次の文を読みなさい。

エベレストは世界で最も高い山である。

上記の文に書かれたことが正しいとき、以下の文に書かれたことは正しいか。「正しい」、「まちがっている」、これだけからは「判断できない」のうちから答えなさい。

エルブルス山はエレベストより低い。

①正しい　②まちがっている　③判断できない

このテストの仕組みにやや難はあるかと思います。多くの問題をできるだけたくさん解く必要があるのです。それで、急がせられる中で、読み取りが荒くなるということがあるかもしれません。しかし、この例のような問題を正しく回答できないとすれば、根本的には、生徒が普段から文章を正確に読む態度をものにしていないのだと思えます。（あるいは、読解力の問題と言うより、論理的にものを考えない性向に問題があるのかもしれません。しかし、この性向を矯正して読む力が読解力であって、結局は読解力の問題になります。）

では、一体どうしてそのような生徒にしてしまっているのでしょうか。テストと同時に行われた受検者へのアンケート調査の結果から、読書習慣、家庭学習習慣、学習塾通い等、テスト結果との相関は見られなかったということです。強い相関が見られたのは、学力偏差値との間でした。どちらが因でどちらが果ということではなく、同じように育つ仕組みなのでしょう。学力偏差値の高い学校で特に有効な指導が行われたわけではないと考えられています。どのような授業が読解力向上に有効かはまだ明らかになっていません。しかし、読解力は、知能指数・知能偏差値ほど恒常性の高いものとは考えられません。つまり、意図的とは限らないものを含めて教育が読解力をかなり向上させもし、停滞させもしていると考えられます。もし良い読解教育の手法が活用されれば、児童・生徒の読解力を底上げすることが可能なはずです。ということは、現状、その良い教育が一般的になっていないことが、RST（リーディング・スキル・テスト）の無残な結果を招いていると言えるでしょう。

■読解力を付けるための処方箋候補

新井氏は「科学的に検証されてもいないことを「処方箋」として出版するほど倫理観は欠如していません」（新井紀子前掲書二四四頁）と言われますが、実は、これから提案するその「処方箋候補」を科学的に検証していただきたいと持ち掛けたのですが、断られました。私に言わせれば、国語教育実践者からの「処方箋候補」情報を受け入れずに無から処方箋を作るのは効率的ではないでしょう。私以外からそれなりに情報は得て進めておられるのかもしれませんが、私は大変残念に思いました。そういうわけで、私は、独自に、このような形で、世間一般に対し「処方箋候補」を提示することにしました。検証するどころか、処方箋候補自体を持ち合わせない教師が多いと思うからです。

私がこの処方箋候補を開発するに至ったきっかけは、勤務校の校内研修会の講師で来られた「第三の書く」の提唱者青木幹勇先生の「騙されたと思って三ヶ月やってみなさい」の言葉でした。そして、思い切って青木流を実践し手ごたえを感じたのでした。そして、私なりにこれを発展させ、さらなる指導法を開発したのです。

以下には、私が小学校の現場で実践した経験に基づく提案をします。AIに負けない読解力を付けるのは、中学校以上の授業も大事だと思いますが、小学校段階の授業の良し悪しは大変重要だと思います。中学校以上の関係者にも参考にしていただければと思います。

■読むことが好きな子どもは多くない

私の指導法の大前提は「読むことが好きな子どもは多くない」ということです。これに異議を申し立てる人は少ないでしょう。それなら、多くの子どもが読むことを避けたいと思っている国語の時間、教師はこのことを念頭に置いて、読むための動機付けを行わなければならないのです。しかし、一般に教師は、二重の意味でこの意識が低い。一つは、自分もそこそこ読むことがそんなに嫌いじゃないと思い、子どももそこそこ読むことを嫌っていないと思うこと。もう一つは、好き嫌いは問題じゃない、勉強は好き嫌い抜きに真面目に取り組むものだ、と、生真面目教師が何の疑いもなく思うことです。そして、教えれば学んでくれるのが普通だと思い、この意識の下ではまた、教えなければ学ばないという意識のおまけがつきます。その結果は、こういう作業を与えれば自然に学んでいくだろうというのは無責任だとなり、親切こまめに教える意識で臨むことになります。しかし、この意識では子どもを変えることは無理です。子どもは同調圧力の下で学級の多くの子どもが進む方向に一応一緒に進みます。それで教師は問題を直視できないのです。

■教室で子どもは

このような教室で、最低限つき合う感じで、眺める程度にしか教科書に直面しないなら、それは実質読んでいるとは言い難い。「丁寧に注意深く読みましょう」と言えば済むことではありません。あるいは、よくあるケースは、教師との一問一答になりがちな話し合いの授業で、多くの生徒がオブザーバー程度の参加しかせず、もっぱら聞き続けるということです。聴き続けることの何としんどいことか、大人でもその実感はわかるでしょう。教育界では、気の利いた発問を競うような授業研究が多いのですが、そのような研究でどれほど良い授業が実現できるか疑問です。子どもが皆話し合いについて来れることが前提になっているからです。このような、テキストを読むことに直面するのではなく、「聞く」ことにつきあう授業の結果、生徒はテストできちんと読解の結果を出さなければならないとなるとビビってしまうことさえあるでしょう。あるいは、斜め読みに毛の生えた程度の読みで、半分当て推量の読み方をするということもあるでしょう。

■本気で読ませるために

本気になっていないのは、まずは、教えられるのを待つ受け身の姿勢を採らせられており、自分の責任で結果を出すことが求められていないからです。共同責任では弱いので、基本的に個別学習が必要です。本気で読まざるを得ない個別の課題を与えることが必要なのです。

個別と言って普通に思いつくのは、何かの問題を与えて、回答させるものです。これは一斉に同じペースでの学習をする口頭での質問応答の授業よりはましですが、基本的に同じです。子どもの興味にお構いなく与え、子どもは受け身で、対応するだけだからです。またこの種のやり方では往々にして何か正解があって、これを見つけて回答することがありますが、いつでもそうではないにもかかわらず正解が一つあると思って取り組みがちです。おもしろくない授業になります。

それで、さらに本気にさせるものは、一つの答えではない個々の個性的な作品として作り上げていく楽しさでしょう。これから提案する方法は以上の点で合格する方法なのです。ただ、習熟段階や教材の性質などで、個別化や個性化の程度は違ってきます。

では、どのような課題が与えられるとよいかですが、私が多く開発し実践したのが、教科書の文章を書き換えさせるというものです。この手法「書き換え法」の紹介・説明は後でしますが、その前に大事なことが一つあります。それは、課題と言ってもストレートにこれこれをしろと押し付けるのではなく、教師として腹案を持ちながらも、それを持ち出す場合、極力一提案として話すことです。それを子どもたちとともに検討して、少なくとも教師の押し付けという感覚にできるだけならないようにします。ここには同調圧力というものも働くでしょうが、程よい同調というのは生物としての人間が社会生活を送るために備わった有効な性質です。このような場面で働いてくる同調の空気を敢えて拒絶することはないでしょう。皆のやろうという気運を高めて始めます。

なお、「なぜ、一つの方法に絞るのか?」「各人に選択させるべきではないか?」との声が聞こえてきそうですが、実際の学級での指導を考えると、秀逸な教師ならいざ知らず、私のような普通の教師は多くの方法を採る多くの活動を同時に取り仕切るのは非常にしんどく思われます。それぞれの方法にはそれなりの陥りやすい難点・つまずく点があると思いますが、皆が同じものに取り組んでいれば、一斉にそれを皆に注意できます。バラバラの活動になると手に負えなくなり放任になりがちだと思います。

■書き換え法のいろいろ

私が小学校で既に実践した例と、その経験から他の教材でどのようなものが実施できるか考えた例、その主なものを列挙すると以下のようになります。

①話者変換（三人称で書かれたものを一人称の語りにするなど）
②日記化・思い出話化
③対話文化・会話文化
④放送番組化
⑤脚本化・劇化
⑥QA化・試験問題化
⑦ハウツー本化
⑧宣伝パンフレット化・自慢話化
⑨漫画化
⑩容易化・対象読者の変換（弟妹や低学年児用に絵図入りて書き直す、外国人向けにする）
⑪研究レポート化
⑫物語の詩化
⑬詩・短歌・俳句の散文化

ここで一つ重要なことを押さえておきましょう。このような書き換えはあくまで読む手段としてのものだということです。書かせるとおもしろいからと、十分に読み取る授業を展開し児童が読み取った後で、書き換えるのではありません。あくまで読解力を付ける手段なのです。これは誤解しやすいので要注意です。

■書き換え法でなぜ子どもはよく読むのか

既に述べたように、一人一人で課題に取り組み個性的な結果を出すという意味で書き換えは優れていますが、読解力を付ける点で明らかに効果的な方法になっています。書き換え法は、教科書のオリジナルの文章の内容を変えずに文章の形式を換えて書くということになります。この作業は元の文を一つ一つ丁寧に読まなければできません。ここがまさにＡＩと違う作業になります。先に述べた通り、ＡＩは人間の常識や文法を差し挟まず、多くのデータから理解・イメージ形成を抜きにして、確からしいものを統計的に選択するという方法を採ります。これと違って、書き換えを行う児童・生徒は、常識や文法を考慮し、オリジナルの文章を理解し、そのイメージを作ります。そして今度はその理解・イメージを別の文章に書き直すのです。このような作業は機械的にできるものではありません。着実な読解を経なければ作品化できません。書き換えの過程でオリジナルの文章が意味することが書き換えた文章で変わってしまっていないか終始同定チェックが行われます。これほど丁寧な読解作業はほかにないかもしれません。

■書き換え法の取り入れ方

読ませる手段としての書き換えですが、最初から、さあ書き換えてみましょうではありません。基礎的作業として音読・視写を経ます。

初めは音読です。これは、一斉音読をします。いろいろなやり方がありますが、ごく基本的な方法としては、読点区切りの教師範読に続いて児童の一斉音読、これを一度ならず行います。次に一文ずつの範読一斉音読、これも一度ならず行います。つまり最低四度は行います。このとき、読みの不得意な児童は、耳から読みを助けられます。読めない漢字も読めるようになります。この間に、分からない言葉を挙げさせて、これを解決しておきます。（詳しくは、コラム「音読について」四〇頁参照）

ここまで来たら、どんな方法で各自が読むかの話し合いをし、方法を決めるというのが基本ですが、初めは、変則的に次のようなことをします。

書き換えをするためには、ある程度の書き慣れが必要なのです。書く速さも必要です。そこで、初めから書き換えに取り組むのではなく、三ケ月程度は速く書き写す訓練をします。これは単に器用に書く練習ではなく、一文一文に注意を払う訓練になります。教科書の教材について、音読を経た後に、教師が板書し、児童はそれを視写する、あるいは教師が読みながら板書するのを視聴写します。このとき教師は黒板のスペースの関係で、書いたものを消さなければ次の部分を書けないので、児童は消されないうちに書き写すよう急いで書いていきます。これが筆速向上につながります。この視写や視聴写の間に、予め一行ずつ空けて書かせておき、適宜読解に関わる書き込みをさせ、授業に変化を持たせます。（詳しくは、コラム「視写の一般的方法」「書き込みの価値」三六、一五五頁参照）

ある程度書き慣れたら、その意味では視写の必要はなくなりますが、このような視写は読み進めるための一つの重要な方法で、教材によっては、その後も有効な方法として使われます。子どもたちの使っている教科書にない教材を敢えて持ってきて、板書しながら読み進めたり、教科書の下巻を配る前に、敢えて読まれないうちに教材を使う手もあります。そして、読んでいない先を予想しながら読むというのが味噌です。例えば次のようなものが挙げられます。

・「くじらぐも」（中川李枝子）
・「サラダで元気」（角野栄子）
・「力太郎」（今江祥智）
・「かもめがくれた三角の海」（山下明生）
・「やまなし」（宮沢賢治）

■書き換え法を使える教科書掲載作品

教科書掲載作品で先の①から⑬のどんな書き換え法が使われるか具体例を挙げましょう。

私が使ったのは光村図書出版と東京書籍の教科書掲載作品ですが、他社の教科書に掲載されているものも多く、教科書名は省略しました。

各末尾のカッコ内に作者と使用学年を記してあります。★は本書に指導事例として掲載されています。

①話者変換

・「とりとなかよし」―三人称を一人称にして（鳥になって）書き換える（金尾恵子・1年）★

・「いろいろなふね」―自分がいろいろな船になって自己紹介する（東京書籍・1年）

・「お手紙」―かえるくんになって書き換える（アーノルド・ローベル、三木卓訳・2年）

・「ビーバーの大工事」―ビーバーになって「大工事」を説明する（中川志郎・2年）★

②日記化・思い出話化

・「ねずみの作った朝ごはん」―「歯医者さんの日記」を書く（安房直子・3年）

・「サーカスのライオン」―ライオンのじんざと男の子の日記を書く（川村たかし・3年）★

・「ごんぎつね」―ごんと兵十の日記を書く（新見南吉・4年）★

・「一つの花」―母が娘にコスモスの由来を話して聞かせる文章を書く（今西祐行・4年）★

・「わらぐつの中の神様」―マサエになって作文（日記）を書く（杉みき子・5年）

・「サリバン先生との出会い」――「老サリバン先生、ヘレン・ケラーとの思い出を語る」を書く（ヘレン・ケラー、丹野節子訳・5年）

・「石うすの歌」――博物館に置かれる石うすの解説パネルに千枝子が思い出を寄せる（壺井栄・6年）

③対話文化・会話文化

・「たんぽぽのちえ」――たんぽぽと友だちになってたんぽぽの秘密のお話をするのを書く（植村利夫・2年）★

・「鉛筆の字はなぜ消える」――ぼくと、顕微鏡と、紙、鉛筆、消しゴムのおしゃべりに書き換える（今井壮一・2年）

・「ムササビのすむ町」――今泉先生との対話を書く（今泉吉晴・4年）★

・「大造じいさんとガン」――「大造じいさんと研究者との対話」を書く（椋鳩十・5年）★

④放送番組化

・「森に生きる」――科学テレビ番組「森に生きる」の台本を書く（今江祥智・3年）

・「子どもたちの祭り」――TV番組「子どもの正月行事チャンピオン」にする（東京書籍・3年）

⑤脚本化・劇化

・「つり橋わたれ」――ラジオドラマにする（長崎源之助・3年）★

・「たかの巣取り」―脚本を書いて、ペープサート劇をする（千葉省三・4年）★

⑥Q A化・試験問題化

・「かげふみおにをしよう」―クイズ（Q＆A）の本にする（折井雅子・2年）

・「たんぽぽ」―クイズの本にする（平山和子・2年）★

・「キョウリュウをさぐる」―「キョウリュウを探る」のQ＆Aを作る（小畠郁生・4年）

※この指導は、青木幹勇編『「第三の書く」の授業展開』（国土社一九九三年）に「Q A化による読む力の自主的な開発」として報告

・「手と心で読む」―点字について三択クイズを作る（大島健甫・4年）

・「ヤドカリとイソギンチャク」―「ヤドカリとイソギンチャク」のクイズを作る（武田正倫・4年）★

・「人間が砂漠を作った」―試験問題を作る（小原秀雄・6年）

⑦ハウツー本化

・「もうどう犬の訓練」―犬用ハウツー本「もうどう犬になる方法」を書く（吉原順平・3年）★

⑧宣伝パンフレット化、自慢話化

・「たこたこあがれ」―「お国自慢たこ自慢」に書き換える（広井力・3年）

・「自然の隠し絵」―「かくれ名人大会」に書き換える（矢島稔・3年）★

・「発泡スチロールで地盤を造る」─宣伝パンフレット「発泡スチロールの新利用」を書く（東京書籍・4年）

⑨漫画化

・「ありの行列」─「ありの行列」の科学漫画を書く（大滝哲也・3年）★

・「道具を使う動物たち」─科学漫画「道具を使う動物たち」を書く（沢近十九一・3年）

・「手ぶくろを買いに」─「手ぶくろを買いに」の漫画を書く（新見南吉・3年）★

・「アンリ・ファーブル」─「アンリ・ファーブル」の伝記漫画を書く（東京書籍・4年）

⑩容易化・対象読者の変換

・「春を知らせるサクラの花」─外国人に教えるように「日本人の好きなサクラ」に書き換える（菅原十一・5年）

・「暮らしの中のまるい形」─もっとわかりやすい絵本にする（坂口康・5年）★

⑪研究レポート化

・「波にたわむれる貝」─研究レポートに書き換える（森主一・6年）

⑫物語の詩化・俳句化

・「ちいちゃんのかげおくり」─物語をいくつかの俳句で表す（あまんきみこ・3年）★

・「古いしらかばの木」─詩に書き換える（立原えりか・4年）

・「おじいさんのハーモニカ」—詩に書き換える（ギリフィス、今村薫子訳・4年）

⑬詩・短歌・俳句の散文化

・「春のうた」—この詩を普通の作文にするとどうなるか書いてみる（草野心平・4年）★

⑭その他

・「おつきさま」—紙芝居にする（東君平原作・1年）

・「大きなかぶ」—書き加えて読み深める（西郷竹彦・1年）

・「花いっぱいになあれ」—グループで紙芝居を作る（松谷みよ子・1年）★

・「モチモチの木」—『子育て博士の「弱虫はこわくない」』という読み物を書く（斎藤隆介・3年）★

・「体を守る仕組み」—微生物に手紙を書く（中村桂子・4年）

・「大陸は動く」—①ウェゲナー顕彰碑の碑文を書く　②あの世のウェゲナーに手紙を書く（大竹政和・5年）

・「人間とロボット」—テーマ学習施設「ロボット館」の計画書を書く（雀部晶・6年）

・「地球のこどもたちへ」—返事「母なる地球へ」を書く（シム・シメール、小梨直訳・6年）

■読解力の六分野に書き換え法はどう対応しているか

ＡＩ「東ロボくん」開発の過程での研究が役立って、リーディング・スキル・テスト（RST）

では、読解能力が六分野に分けられていることは既に述べましたが、それぞれの能力が書き換え法によって向上し得るか、念のため見ておきましょう。

《係り受け》

主語述語、修飾語被修飾語の関係把握をすることですが、書き換えようとするとき当然注目するでしょう。

《照応》

指示代名詞が何を指示しているかを理解することですが、書き換えようとするとき当然理解しようとするでしょう。（ここまではＡＩもよくできる分野と言われています。）

《同義文判定》

表現は違っても、同じ意味を持った文かを判定する能力ということです。例えば、同じ内容が能動態と受動態で表現されている場合、この二つを同じ意味になると判定する能力です。これは「書き換え法」では常に駆使せねばならない能力であり、多くの学習経験によって能力の向上が見込まれます。（これがＡＩにはなかなかできず、そのため、入試などの文章での回答の採点に使えないと言われます。）

《推論》

生活体験や常識、様々な知識を総動員して文章の意味を理解することと言われます。先に例示しました。書き換えをする場合、この技術も使うことによって豊かな書き換えがなされるでしょう。（ＡＩには全く歯の立たない分野と言われます。）

《イメージ同定》

文章と図形やグラフの内容の一致を認識する能力と言われます。書き換えの際、図形やグラフに限らず、読んだ理解はイメージ化してからそれを書き換え文に表現し、その同定を行います。（イメージ化の過程を採らないＡＩには全く歯が立たない分野。）

《具体例同定》

具体例が定義に合致するか認識するものと言われます。書き換えの際、元の具体例とは異なる具体例までを視野に入れて書き換えを行うことがよくあります。したがって、この同定力も養われるでしょう。（定義の意味を理解しないＡＩにはできないと言われます。）

次の第二部「書き換え法」の実際には、現在も教科書掲載作品として使われているものを中心に指導事例をお見せします。私のこの書き換え法実践時の担当学年は一年生から四年生でしたので、その事例が多くなっています。

第二部　「書き換え法」の実際

事例①（1年）

「とりとなかよし」（金尾恵子）

―三人称を一人称にして（自分が鳥になって）書き換える―

何度も音読した後、「こんなおもしろいことができるよ」と言って、最初の「わにちどり」の部分を書き換えて板書し、視写させます。単なる視写はしても、書き換えたものを視写させるのは初めてです。このような活動で書き換えの入門となります。最後の部分には、本文にはない話者としての「わにちどり」が言いたいことを書きます。これも、教師が手本を示す段階です。こうして、読みを深めることになります。

【教科書本文（A）と書き換えた文（B）】

（A）	（B）
これは、わにちどりです。 わにちどりは、かわの　そばに　すんで　い	わたしは、わにちどりです。 わたしは、かわのそばに　すんでいます。

ます。
わにちどりと　なかよしの　どうぶつは、なんでしょう。
それは、わにです。
わにの　はには、たべものの　かすが、たくさん　ついて　います。
わにちどりは、かすを　たべて、わにの　はをきれいに　するのです。

わたしとなかよしのどうぶつは、だれでしょう。
それは、わにさんです。
わにさんのはには、たべもののかすが、たくさんついています。
わたしは、かすをたべて、わにさんのはをきれいにしてあげているのです。
でも、ほんとうは、そうじしているのではなくごちそうをたべているつもりなんです。
かすだって　おいしいのよ。

続く「うしつつき」「あまさぎ」を書き換えるときは、少しずつ教師の手を離れてできるようになります。

事例②（1年）

「かぶとむし」

―かぶとむしとお話ししよう―

入門期を終えた段階で、単なる視写を越えた活動も取り入れたい。次に示すように、この文章は第三者の書き手がカブトムシについて叙述したものですが、これを、カブトムシが語る構造にします。読者である一年生がカブトムシに質問し、これまた読者である一年生がカブトムシとなって、本文に書かれていることを理解して、答えるという書き換えです。

しかし、質問は、叙述から導かれるものであり、質問文は、文や文章の内容を読み取っていないことには書けないものです。まだ入門期を過ぎたばかりの児童にこの作業を任せるのは、何としても敷居が高過ぎます。そこで、まず、口頭で、教師が質問し児童がカブトムシになって答える経験を踏ませます。教科書本文はこうです。

かぶとむしは、もりやはやしに　すんで　います。

ひるまは、きの　えだの　うえや　ねもとの　つちの　なかで、じっとして　います。

そして、よるに　なると、たべものを　さがして　とびまわります。

かぶとむしの　たべものは、きの　しるです。かぶとむしは、きの　しるを　さがして　とびまわるのです。

とぶ　ときには、にまいの　かたい　はねを　ひらきます。そして、なかに　たたんである　にまいの　うすい　はねを　ひろげます。

かぶとむしは、この　うすい　はねを　うごかして　とびます。


授業の実際を描いてみましょう。

何度か音読を繰り返した後、児童の一人にカブトムシの絵を切り抜いたかぶり物を付けさせ、その児童に、「かぶとむし君、君はどこにすんでいるの。」と訊きます。

教科書本文を生かして、「もりや　はやしに　すんで　います」と答えられるようにします。

何人かに同じことをします。(「かぶとむしは、……」は不可。自分のことを「かぶとむしは」とは言いません。「います」と言わず、「いるよ」「いるんだよ」「いるんですよ」はなお良い。)

同様に、「昼間は、どうしているの。」と訊き、同様の答を求めていきます。

この方法で、次の夜の文も扱います。

その次に、食べ物のことを質問して答えさせた後、気分を変えるため攻守交代。教師がカブトムシのかぶり物をかぶり、「今度はみんなが次の質問をして。私が答えます。」と言います。そして、「君たちはどうやって木のしるをさがすの？」という質問を導きます。これに、わざと「あちこち歩き回るんです。」と答え、「それは違う」という反応を得た後、「匂いをかぎ回るんです」と答えます。「そうかもしれないけど教科書には書いてない」という反応が出るでしょう。みんなで教科書を見直し、「飛び回って捜すんだ」が良いことに気付かせます。

次は、また児童にカブトムシ役を返し、「とぶときはどうするんですか」と訊きます。「答えはどこからどこまでに書いてありますか」と発問しますが、答えが長いときは、話すとき、「まず最初」「次に」「それから」と三つの言葉を入れて話そうと約束します。

こんなふうにして、カブトムシとの会話をした後、いよいよこれをノートに書かせます。児童は既に教師との会話を経験しているので、教科書本文を読みながら、質問も書けるでしょう。例えば、次のように、書くでしょう。段落ごとくらいに見せに来させます。

ぼ（女の子なら「わ」）「かぶとむしくん、きみはどこにすんでいるの。」
か「ぼくたちは、もりや　はやしに　すんでいるんだよ。」
ぼ「ひるまは　どうしているの。」

か「きの　えだの　うえや　ねもとの　つちの　なかで、じっとしています。」（以下略）

このような活動の良さを、初めに述べたことを含めて確認しておきましょう。

一つは、視写としての意味です。かぶとむしとなって書く部分は、ほとんど視写です。このような活動を通して、児童は書くことに慣れていきます。

二つ目は、質問文を書くことが、一文や一段落で問題になっていることが何なのかを読み取る作業になることです。

三つ目は、客観的な説明文として書かれた原文を、児童自身がきちんと理解して書き換えることです。

なお、まだ書くことに慣れていない段階なので、書くことは最小限に抑えなければなりません。それで、感想などを繰り込んで書くことはひかえるべきでしょう。もし余力があるなら、例えば、森や林に住んでいることについて、土の中でじっとしていることについて、木の汁について、口頭で言わせ、書ける子には書かせてみたらよいでしょう。

事例③（1年）

「サラダで　げんき」（角野栄子）

―次を予想しながら、視写して読み進む―

お母さんが病気なので、何かいいことをしたいと思った女の子が、何をしようかと考えた末、サラダを作ることにしました。できたと思ったところへ、のら猫が、かつお節、犬がハム、すずめがとうもろこし、ありがさとう、馬がにんじんと、次々に付け足すものを教えに来ます。さらに、白熊から電報で、こんぶを入れろと来ます。もうできたと思ったところへ、飛行機で象がやって来て、調味料を入れ、混ぜてくれます。そして、それを食べたお母さんは、たちまち元気になりました。

話の展開がおもしろく、先を予想しながら読んでいくのに適しています。その上、この教材は下巻の最初にあります。そこで、下巻の教科書を配らずにおき、先が読めないようにして、板書によって文章を小出しにしながら与えます。一文ずつ、あるいは、ときには、文節で区切って板書したものを、視写させながら読み進めます。（ときには、二、三文まで一度に書かせることもあります。）児童の実態をよく見て、全文視写に耐えられるものかの判断をしなければなりませんが、多分、一年生も下巻に入るこの頃になれば、やらせればやれるでしょう。視写の特訓教材と位置付けます。（視写の一般的な方法については、次頁を見てください。）

一つ問題になるのが、挿絵が見られなくなることです。文章の読みを助けるものとしてせっかく付いている挿絵が利用できないのは、大きなトラブルです。ときにはどうでもいいような挿絵もありますが、この教材に載っている挿絵は、一年生がこの物語を読むのに大変効果的な働きをするものだと思われます。そこで、今回のように教科書を与えない場合、コピーをとって、挿絵だけは利用しましょう。

視写が済んだ段階で、「てびき」として書かれている劇をするのも良いでしょう。

視写にかかる時間は、一分十文字として、この教材は千四百文字程度なので、百四十分、四十五分の単位時間で計算して約三時間分になります。途中いろいろなことが挿入されるので、この倍の時間六時間を予定したら良いでしょう。

視写の一般的方法

ⓐ 速度

何度も音読した後、教師の板書に速度を合わせて視写させます。教師より速くなる者には、もう少し丁寧に書くようにさせ、遅い者には、乱暴になってもよいからついてくるように指示します。これが大変重要なことです。マイペースでのんびり書かせていては、速度をつける訓練はできません。速度がなければ、非能率になり、授業に作業として取り入れることが現実的に不可能になってしまうのです。

ⓑ筆記用具

児童の書き終りを確認しながら進めます。そのために、書き終ったら鉛筆を置くようしつけます。なお、鉛筆は自分の利き手の側に置くのは当然として、芯を自分の方に向けると合理的です。やってみればわかりますが、芯が外を向いていると、必ず一度持ち直さないと書き始められません。芯が内向きの場合、すぐに書き始められます。一刻も早く書こうというのですから、無駄な動作は許されません。また、机の上には、余計な物は置きません。筆入れなどは邪魔です。鉛筆は一本だけ出します。消しゴムは、鉛筆が机から転がり落ちないように、鉛筆の机の縁側に接して置きます。

ⓒ**無用なこと**

教師が板書している最中、背面の児童を気にして振り返る必要はありません。この視写の活動は、普段集中できない児童も集中します。取り残されては大変という意識と、ただ写せばいいという気楽さ、それに、活動性の持つ充実感からでしょうか。

ⓓ**視聴写**

教師は、文を声に出しながら書き、児童にとっては単なる視写ではなく、視聴写になります。何度も読んでいるし、耳から入るので、児童によっては、ほとんど見ないで書く者もいます。

ⓔ**ノートの使い方**

教科書そのままの段落分けに従った行替えをする場合もありますが、一文一文の役割に十分な意識を持たせたければ、一文ずつ行替えさせるし、一語一語に注目させたいときにはもっと細かに行替えして書かせることもあります。また、行を替えるだけでなく、行間に書き込みをさせるため、一行おきに書かせることもよくあります。

ⓕ**視写の後で**

一文、一段落、あるいは、黒板が板書でいっぱいになるごとに、指示棒などで読む速度を合わせるよう、読む位置を指示しながら一斉音読をすると良いです。音読の基本的な指導の場ともなるし、書くことに疲れた児童に、書くことを休ませ、違った活動を与えることで活性化が図れます。もちろん、書き込みをさせて、発表させ、ときには話し合いにまでなることもあります。

事例④（1年）

「花　いっぱいに　なあれ」（松谷みよ子）

―グループで紙芝居を作ろう―

この作品は、内容的にも表現的にも非常に優れたものだと思います。優れた作品はそれなりに大事に扱いたい。

この作品は何度読んでも飽きが来ないように思うので、「読書百遍而義自見」で、何度も読ませて終わるだけでもよいと思いますが、さらに楽しくする手として、紙芝居を取り入れましょう。紙芝居にするとなれば、視写もすることになり、一石二鳥です。場面分けなどは、好きにさせたらよいでしょう。また、極端に言えば、一人で全部作ってもよいし、二人で、三人で、四人で、五人でといろいろあってよいでしょう。五分の一でも六分の一でもこの優れた文章を書くことは、勉強になります。また、芽が出ていた場面などで、コンに一言言わせるような書き加えもさせたいものです。

【学習展開】各種音読数回―グループ作り―グループで紙芝居作りと練習（場面分け―各自絵と文章を書く―発表練習）―紙芝居発表（保護者参観などの機会に行うと良い。）

音読について

言語は、もともと音声によるものです。だから、言語経験のまだ乏しい小学生にとっては、文字言語を音声化する音読は基本的に重要です。外国語学習でも音読が重視されます。何よりもまず、理解のためにです。

もちろん、音読が流暢にできること、それだけで十分な読解を生むわけではありません。しかし、読解の基礎になるわけで、おろそかにはできません。そこで一言したいのは、それほど基礎的な大事な学習活動を、必ずやって来るという保証の全くない宿題になどすべきではないということです。最も必要な児童に限ってやってこない傾向さえあるのではないでしょうか。学校でこそ音読という基礎的学習活動を保証すべきです。

何度も音読させるために、各種の音読で変化を持たせます。ごく一般的な順序として次のような音読をしていくと良いでしょう。

①読点区切りの範読・一斉音読。
②一文ずつの範読・一斉音読。
③列ごとに一文ずつ一斉音読、三列あるならスタートを変えて三度、一斉音読（教師が一列扱いで入るのも良い。引き締まるものです。）

④男女交互に一文ずつ一斉音読、スタートを変えてもう一度。
⑤隣同士二人で交互読み、スタートを変えてもう一度。
⑥一人ずつの学級全員リレー読み。

これで九回以上音読し、教師や友達の読むのを聞きながら目で追う読みも同数回していることになります。形式段落切りで読ませたり、四人等のグループで交代して読ませる、役割を決めて読ませるなどにより、さらに読む回数を増やすことができます。

【一斉音読の無理解への反論】

音読を立派な声でさせたいとき、一斉指導、一斉音読という形になるのはごく自然な成り行きですが、これを嫌う教師がいます。各自に個性的な読みがあるから、声をそろえるわけにはいかないというものです。しかし、標準的な日本語にそろえる指導を遠慮する必要はないです。文字の指導にも共通することです。初歩の指導において、個性的な字は矯正されるものです。音読は、表現学習として、朗読（表現読み）という意味合いで行うこともありますが、このようなことを前面に出すのは特別な場合であり、基本的には、理解のための音読です。この一斉音読も、結果的に表現での進歩も見られるものです。

【掛け替えのない一斉音読】

一斉であるがための、掛け替えのない良さがあります。それは、粗を隠すことです。つっかえたり、読み間違えても、一斉音読の大きな読み声の洪水の中で、それはかき消されてしまいます。このような中で、特に音読の苦手な子も、怖がることなく練習を積むことができます。このような一斉音読を経ないで性急に一人ずつで読ませると、それが強制なら、残酷なことになるし、読める子に読ませるなら、読みの得意な子ばかりが読ませられ、不得意な子は小さくなっていなければならないことになります。このことの重要性を理解いただきたい。

事例⑤（２年）

「たんぽぽのちえ」（植村利夫）

―たんぽぽと友だちになってたんぽぽのひみつのお話をしよう―
（登場人物との対話を文章にする。）

何度も音読した後、「さあ今度は書こう」と言って、次のように板書し、視写させます。

（ぼ＝ぼく、た＝たんぽぽ）

◇ある春の日

ぼ「あっ、たんぽぽだ。きれいな黄色い色だ。」

た「見つけてくれてありがとう。きれいと思ってくれてありがとう。友だちになろう。」

ぼ「うん、いいよ。また来るからね。」

◇二、三日たって

ぼ「あれえ、ぼくの友だちのたんぽぽはどこ？」

た「ここ。」

ぽ「えっ、どこ?」
た「しぼんで黒っぽくなって、目立たなくなっちゃったけど」
ぽ「それじゃ、きみ、このぐったりして、地面にたおれてるやつ?」
た「そう。」
ぽ「きみ、どうしちゃったの? 平気なの? かれちゃったんじゃないの?」
た「心ぱいしてくれてありがとう。ぼくたちのひみつをおしえてあげようか。」
ぽ「どんなひみつがあるのかな。知りたいよ。おしえて。」

「この後のところを自分がたんぽぽになったつもりで書いてごらん」と言って、書かせます。

その後、「ぼく(わたし)」は、①わたげができてきたとき、②じくが立ったとき、③じくがのびたが、天気の悪い日、④よく晴れて、わたげが飛んでいる日、と訪ねていき、たんぽぽと対話します。

対話は、本文を最大限に生かしながら、状況をさらに具体化したり、たんぽぽの気持ち、ぼく(わたし)の気持ちをさしはさんだりして進められます。

事例⑥（2年）

「たんぽぽ」（平山和子）

―クイズの本にしよう―

説明文の読み取りとは、自分の側に、その文章を元にした、新しい知識を形成し、それをあらためて表現することだ、と聞いたことがあります。言われるとおりでしょう。普通、表現をするところまでを読書とは言わないでしょうが、確実な読み取りでは、自分の言葉で語れることが、読み取りができたことを意味するはずです。

その一つの方法として、「Q＆A方式」（「QA化」）があります。この「たんぽぽ」は細部に注意しながら正確に説明内容を読み取らせる単元ですが、「Q＆A方式」（「QA化」）は、このような単元で確実な読み取りを進める基本的な方法の一つになると考えます。

たんぽぽはありふれた草花ですが、この説明文の内容は驚きに満ちています。このような教材は、父母など読み手を他に求めてクイズにする、というこの書き換え法が適用できる場合が多いでしょう。

この手法のメリットは後で付言しますが、、早速、具体的にどうするのか書いてみましょう。

初めてなら、教師がやり方を教える必要があります。手取り足取り一緒に進めねばなりません。教え過ぎかと思われるくらいにやらないと、やり方を理解できない子どももいることを忘れないようにします。

何度も各種の音読をした後、「これをクイズの本に書き換えよう」と提案します。

「本当に本にする」と言って、八つ切り画用紙を半分にしたもの、あるいは四分の一にしたものを配ります。これを何枚か重ねて、ホチキスで綴じてみせ、本になることを見せます。

「できたらうちの人などに読ませよう」と言います。

表に問題を書いて、裏に答を書くと、すぐに答が見えなくて良いことを理解させます。綴じ目になる部分や用紙の上下左右を余白にすることや、適切な文字の大きさについて了解させます。

クイズの意味であるQの字を教えます。答の意味でAを使うことも伝えます。

最初の段落は次のようです。

> たんぽぽは　じょうぶな　草です。はが　ふまれたり、つみとられたり　しても、また生えて　きます。ねが　生きて　いて、新しい　はを　作り出すのです。

どんな書き換えができるか、やってみせます。いろいろできることを示します。

その一

Q　たんぽぽは　じょうぶな草ですか。

A　はい。じょうぶな草です。

Q　どうしてじょうぶだといえますか。

A　はがふまれたり、つみとられたりしても、また生えてくるからです。

Q　どうしてまた生えてくるのですか。

A　ねが生きていて、新しいはを作り出すからです。

その二

Q　たんぽぽは、はがふまれてだめになったり、つみとられたりしたとき、また生えてくるでしょうか。

A　また生えてきます。

Q　どうしてそんなことができるのですか。

A　ねが生きているからです。

その三

Q　たんぽぽは　じょうぶな草です。はがふまれたり、つみとられたりしても、また生えてきます。それはどうしてでしょう。
A　ねが生きていて、新しいはを作り出すからです。
どれが良いかと尋ねてみます。子どもたちは正解は一つという思いこみに強く支配されている傾向があります。どれも良いということをわからせたい。

また、この際、「どうして」「なぜ」と尋ねられたときには「……だからです」という答え方をすることを教える。そして、教科書を不注意にただ写していては答にならないということをよくわからせます。

その二で、単に「踏まれたり」でなく、「踏まれてだめになったり」と言葉を補ったことの良さをわからせ、積極的に言葉を補ったり言い換えたりするよう促します。

さらに、その四のようなクイズは、間違ってはいないがあまりよくないことに気付かせます。

その四
Q　たんぽぽは　じょうぶな草ですか。
A　はい。そうです。
Q　はがふまれたり、つみとられたりしても、また生えてきますか。
A　はい。生えてきます。

Q　ねが生きていて、新しいはを作り出すのですか。

A　はい。そうです。

元々書いてある説明をして、その説明が正しいかどうか、はい、いいえで答えさせています。また、書いてあることを何でもかんでも問題にするのではないことを指導します。その二では「たんぽぽはじょうぶな草です」についての問題が出されていません。これは、残された部分だけでたんぽぽがじょうぶであることが十分にわかるから省略しています。その三では「たんぽぽはじょうぶな草です」を当てさせる問題とはせず、問題の一部に説明として残していることに気付かせ、このようなことも良いことをわからせます。

次の段落は、児童に試みさせましょう。教科書本文は次のようです。

> たんぽぽのねをほってみました。長いねです。一メートルいじょうのものもありました。

まさか、「たんぽぽの根をほってみましたか」などという問題は作らないでしょう。子どもたちは、この段落で内容としていることは何かを、Qを立てAを示す過程で自然とつかんでいく仕組みになっています。児童は次のようなものを書くでしょう。

Q　たんぽぽのねは、土の中にどのくらい長くのびているとおもいますか。

A　一メートルいじょうになるものもあります。

教材本文からは、普通どのくらいの長さかは明らかではありません。だから、正確には、「長い根の場合、どのくらいになるでしょう」という問にした方が良いのですが、二年生の子どもにとっては、ここに示したもので十分でしょう。

大多数の児童がこのQとAをクリアできるでしょう。この後は、基本的に、個別学習とし、一段落（場合によっては二段落。どこまでを一まとめにして問題を考えたら良いかについて、作業に入る前に一斉学習しておいた方が良いでしょう。）あるいは、一組のＱＡが済むごとに見せに来させ、認めたり改善を促したりしていきます。多くの児童に共通の指導が必要と思われたときには、作業を中断させ、一斉指導をします。

その後の部分の腹案を掲げましょう。下に教科書本文を示します。（分かち書きを改めるとともに一部ひらがなを漢字にしてあります。）

Q　たんぽぽの花はどんな日に咲きますか。
A　春の晴れた日です。
Q　夜も桜のように咲いているのでしょうか。
A　夕方、日が陰ると閉じて、次の日、日が差すまでは閉じているのです。
Q　花が咲き終った後、実はいくつできるでしょう。
A　百八十個ほどです。
一つの花のように見えるものは、本当は、百八十あまりの小さな花の集まりです。だから、百八十ほどの実ができます。
Q　花がしぼむころは茎も元気ない様子で低く倒れていますが、その後どうなるでしょう。
A　実が熟すと、茎は起き上がって、また高く伸びま

春の晴れた日に、花が咲きます。花は、夕方、日が陰ると、閉じてしまいます。夜の間、ずっと閉じています。次の日、日が差してくると、また開きます。


花をよく見てみましょう。

一つの花のように見えるのは、小さな花の集まりなのです。小さな花を数えてみたら、百八十もありました。これより多いものも、少ないものもあります。この小さな花に、実が一つずつできるようになっています。

花がしぼむと、実が育っていきます。実が熟すまで、花の茎は、低く倒れています。

実が熟すと、茎は起き上がって、高く

す。

Q　何のために、茎は高く伸びたのでしょう。

A　晴れた日に、実の上についている綿毛が開きます。高く伸びた茎の上だと、綿毛に風がよくあたるからです。軽くてふわふわした綿毛は、風に吹き飛ばされ、風に乗って、遠くに行くことができます。

Q　何のためにたんぽぽの綿毛は遠くに行きたいのでしょうか。

A　綿毛が遠くの土に落ちると、綿毛についている種が、やがて芽を出します。たんぽぽは、そこで大きくなります。このようにして、たんぽぽはいろいろなところに生え、仲間を増やしていけるからです。

伸びます。

　晴れた日に、綿毛が開きます。高く伸びた茎の上の綿毛には、風がよくあたります。綿毛は風に吹き飛ばされます。軽くてふわふわした綿毛は、風に乗って、遠くに行くことができます。

　綿毛が土に落ちると、綿毛についている種が、やがて芽を出します。たんぽぽは、そこで大きくなることでしょう。

　このようにして、たんぽぽは、いろいろなところに生え、仲間を増やしていくのです。

　ノートに書いたのを見てやり、できた者から、清書、そして、挿絵入れなどをさせます。（学校で挿絵までできなかった者は、宿題、あるいは、絵なしでもよいでしょう。）

　その後、表紙、裏表紙を書き、ホチキスで留めます。できた本は親などに読ませます。

QA化のメリット

与えられた問題を解く一方になりがちな子どもたちに、問題を作り、問題を解かせる側に身を置かせるということが、重要です。

理科や社会でする問題発見、問題作りは、当然に自分たちがそれを解決することが前提となっています。それは、重い、シリアスなものと言えます。それに対し、このQ＆Aは、算数でときどき見られる、「問題を作ってみましょう」という問題に相当します。その種の問題は、ゲーム感覚で臨めるものです。しかし、教育的意味は、たいへん大きなものがあります。ある状況からいろいろなテーマを生み出す経験ができます。Q＆Aはこれとは、やや異なり、場合によっては、どんな問題設定が適切という文章上の状況があります。しかし、問題を生み出すという意味で、これらは基本的に共通した教育的意義を持っていると言えます。

次に、問題を解かせる側に身を置くということですが、これは、まず、児童の精神的健康の維持・増進に大きな意味を持っています。受動の姿勢から、能動の姿勢への転換があります。人間は、能動的な姿勢こそが本来の姿であると言っているわけではありませんが、能動・受動がバランスよく存在すべきなのに、学校では、とかく受動姿勢を取らせ過ぎる傾向があります。それで、能動的姿勢をとらせることが精神的健康の維持・増進につながると言うのです。教科の指導の中で、このような、児童に与える心理的な効果にあまり配慮をせずにいて、これと別に対策として後追い的に教育相談をするというのは、教育として基本的に間違っていると思います。

能動的な活動は、あまり困難なことでない限り意欲的になりますが、能力育成の方はどうでしょうか。これも問題を解かせる側に身を置くということで、非常に効果的に行われます。

問題を解かせる側に身を置くということは、解かせる相手を持っていることであり、相手に解かせるということです。そういう目的を持った活動をするということです。偉そうに、親などに向かって出題する以上、下手な問題は出せません。答の出せる問題にしなければなりません。そのためには、本文を注意深く読まなければなりません。読んでよくわかる文にしなければなりません。また解答の方も、よく読んで誤りなく書く必要があります。このような目的が無い場合の「読む」と、目的のある「読む」を比べると、同じ「読む」でも大きな違いがあることでしょう。

相手意識を常に持たせる手として、また、よりよくなし遂げようという励みの元として、本にすること、それも、後で作るから準備するというのでなく、書きためていくやり方は効果的です。もちろん、芸もなく、同一ページに解答を出してしまうというのでは、効果は半減します。意欲をかきたてる工夫を怠らないようにします。

事例⑦（2年）

「ビーバーの大工事」（中川志郎）

―ビーバーになって大工事を説明しよう―

何回も音読を繰り返して飽きつつあるころを見計らって、この書き換えを提案します。「ビーバーの大工事のことがわかったと思うから、ビーバーになって大工事のことを説明できるでしょう。やってみよう」と。指導者としては、本当はそうは思っていません。百パーセントわかっているとと思っているなら、この学習活動を提案しません。子どもはわかったつもりになっていますが、怪しい部分もあります。それだからこそこの学習活動をさせたいのです。わかってしまった後に、単に表現のための学習として行うものではないのです。よくある誤解なのですが、このような書き換えの活動をする以前に、書き換えができるために徹底的に読解のための精読指導をする教師がいます。そうではないのです。より正確な読み取りのためにこそ書き換えをさせます。（音読については、コラム「音読について」四〇頁参照のこと。）

どんな書き換えになるか、腹案を以下に載せます。子どもの書き換えはここまでできないでしょうが、目指す方向がどのようなものか見て頂きます。サイドライン部は、表現の変わった部分、補われた言葉、教科書本文で不要になって省かれたところです。単に「ビーバー」を「ぼくたち」に書き換えたような部分は省略しました。本文、書き換え文とも一部ひらがなを漢字にしてあります。

（書き換えた文章）

ぼくたちの大工事のこと

ビーバー　ガリガリ

ぼくは、北アメリカの大きな森の中の川のほとりに住んでいます。

ぼくたちビーバーは、木の幹をガリガリガリガリとものすごく速くかじります。木の根本には、たちまち木の皮や木くずが飛び散ります。ぼくたちは、幹の周りが五十センチメートル以上もある木を、ドシーンと地響きをたてて倒してしまいます。

（教科書本文）

ビーバーの大工事

なかがわ　しろう

ここは、北アメリカ。大きな森の中の川のほとりです。

ビーバーが、木の幹をかじっています。

ガリガリ、ガリガリ。

すごい速さです。木の根本には、たちまち木の皮や木くずが飛び散り、幹の周りが五十センチメートル以上もある木が、ドシーンと地響きをたてて倒れます。

どうやってかじるかというと、上あごの歯を木の幹に当てて支えにし、下あごの鋭い歯で、ぐいぐいとかじります。鋭くて大きい歯は、まるであなたたち人間の大工さんの使うのみみたいです。

川のほとりに近い森では、あちらでもこちらでも、ドシーン、ドシーンと、ぼくたちビーバーがポプラや柳の木を次々に倒していきます。

その後、切り倒した木は、短くかみ切り、川に引きずっていきます。そして、その木をしっかりとくわえて泳いでいきます。どうやって泳ぐと思いますか。うまいんですよ。

ぼくたちは、後ろ足の指と指の間に丈夫な水かきが付いています。その後ろ足でぐいぐいと体を押し進めます。尾は、オールのような形をしていて、上手にかじを取れます。

近寄ってみますと、上あごの歯を木の幹に当てて支えにし、下あごの鋭い歯で、ぐいぐいとかじっているのです。鋭くて大きい歯は、まるで、大工さんの使うのみのようです。

ドシーン、ドシーン。

あちらでもこちらでも、ポプラや柳の木が次々に倒されていきます。

ビーバーは、切り倒した木を、さらに短くかみ切り、ずるずると川の方に引きずっていきます。そして、木をしっかりとくわえたまま、上手に泳いでいきます。

ビーバーは、指と指の間に丈夫な水かきがある後ろ足で、ぐいぐいと体を押し進めます。尾は、オールのような形をしていて、上手にかじを取ります。

さて、どこに泳いでいくのでしょう。木をどうするのでしょう。

ぼくたちは木をくわえて水の中へ潜っていくのです。そうして、木のとがった方を川の底に差し込んで、流れないようにします。その上に小枝を積み上げていき、上から石で重しをして、泥でしっかり固めていくのです。

家族のものたちも、手伝います。運んできた木を次々に並べ、石と泥でしっかりと固めていきます。

ぼくたちは、一度潜ると、普通で五分間、長いときには十五分も水の中にいられます。ご心配なく。

家族全員が、夕方から夜中まで、仕事を続けます。

そうすると、積み上げられた木と石と泥は、一方の川岸から反対側の川岸まで、少しずつのびていきます。

ビーバーは、木をくわえたまま、水の中へ潜っていきます。そうして、木のとがった方を川の底に差し込んで、流れないようにします。その上に小枝を積み上げていき、上から石で重しをして、泥でしっかり固めていきます。

家族のビーバーたちも、運んできた木を次々に並べ、石と泥でしっかりと固めていきます。

一度潜ったビーバーは、普通で五分間、長いときには十五分も水の中にいます。

ビーバーは、夕方から夜中まで、家族総出で仕事を続けます。

こうして、積み上げられた木と石と泥は、一方の川岸から反対側の川岸まで、やがてそれは川の水をせき止める立派なダムになります。

ぼくたちの作ったダムの中には、高さ二メートル、長さ四百五十メートルもある大きなものもあります。

ダムができ上がって、水がせき止められると、その内側に湖ができます。

ぼくたちは、その湖の真ん中に、巣を作ります。

巣は、ダムと同じように、木と石と泥を積み上げて作ります。それは、まるで、水の上に浮かんだ島のようになります。

巣の入り口は、水の中にあります。ぼくたちのように、泳ぎの上手な動物でないと、決して巣の中に入れないしくみにしてあるのです。


少しずつのびていき、やがて川の水をせき止める立派なダムができ上がります。

今までに見つかったビーバーのダムの中には、高さ二メートル、長さ四百五十メートルもある大きなものもあったということです。

ダムができ上がって、水がせき止められると、その内側に湖ができます。

ビーバーは、その湖の真ん中に、巣を作ります。

巣は、ダムと同じように、木と石と泥を積み上げて作ります。それは、まるで、水の上に浮かんだ島のようです。

巣の入り口は、水の中にあり、ビーバーのように、泳ぎの上手な動物でないと、決して巣の中に入ることはできません。

ぼくたちがダムを作るのは、それで川の水をせき止めて湖を作り、その湖の中に、敵に襲われない安全な巣を作るためだったのです。

ビーバーがダムを作るのは、それで川の水をせき止めて湖を作り、その湖の中に、敵に襲われない安全な巣を作るためなのです。

授業の進め方としては、どの程度一斉授業が有効か、逆に言うなら、どの程度個別に取り組ませられるか、クラスの実態に基づいた判断をします。最初の一時間は、どんなふうに書き換えができるかをやって見せ、次は、児童に、どんな書き換えができるか提案させ、まとめるような段階を経て、三番目の段階として、個別にやらせるというのが順当でしょう。もちろん、個別にやらせる時間に至っても、要所要所で共通する問題点の指導や全体のレベルを上げるための優れた成果の紹介などのために、一斉学習の場が用意されなければなりません。

児童は、書き終って、つまり読み終わって、というより、その過程で、何らかの感想を持つでしょう。それを（　）などに入れて挿入する形の書き方もあるでしょう。最後に、それまで自分がなり切っていたビーバーに、手紙を書くという方法もあるでしょう。自分に手紙を書くような、おもしろい気分で書くことができるでしょう。

事例⑧（3年）

「自然のかくし絵」（矢島　稔）

―「かくれ名人大会」に書き換えよう―

保護色を扱った説明文です。児童に興味の持てる素材です。しかし、読み方を教えようとするばかりに例えば「てびき」にあるような問を発し、次々答えさせるというようなことをすると、どういう結果をもたらすでしょうか。受け身の姿勢が強くなり過ぎて、意欲がしだいに弱まるでしょう。また、難しい勉強という感じがしてきて、これまた意欲を失わせていくでしょう。このようなことにならずに、子どもたちが自然に本文をきめ細かに読むことを保証する、もっと違った迫り方をしたいです。ここに示したものはその一例です。昆虫自身が自分の保護色の仕組みを自慢する「かくれ名人大会」を紙上に開くのです。著者矢島稔氏が司会者として登場し、会を進行させ、解説を加えます。

一年生のときから書き換え学習に慣れていればかなり違うでしょうが、三年生になって初めて書き換え学習を行うのであれば、相当に教えなければできないのが難点です。しかし、こんなことができるということを知った子どもたちは、この学習を満足感を持って終えることができるでしょう。

数度の各種音読の後、「『かくれ名人大会』を書いてみよう」と持ちかけます。まず、「先生が途中まで教えるから」と言って、板書して視写させます。以下に、参考までに最後までの腹案を示します。（一部ひらがなを漢字にしてあります。）

（書き換え文）

司会　私は司会の矢島稔です。どうぞよろしく。さて、あなたも、木の幹にとまったはずのセミさんや草の茂みに下りたはずのバッタさんをふと見失うことがありますね。セミさんやバッタさんは、木の幹や草の色と見分けにくい色をしています。周りの色と見分けにくい体の色は、敵から身を隠すのに役立ちます。このような色のことを保護色といいます。私は、昆虫の学者なので、自然の中にいる保護色でかくれるのがうまいかくれ名人をたくさん知っています。今日はその中から何人かお招きしています。かくれ名人の自慢話を聞いて下さい。
まず、コノハチョウさんどうぞ。

（教科書本文）

木のみきにとまったはずのセミや、草のしげみに下りたはずのバッタを、ふと見うしなうことがあります。
セミやバッタは、木のみきや草の色と見分けにくい色をしています。まわりの色と見分けにくい体の色は、てきから身をかくすのに役立ちます。このように、身をかくすのに役立つ色のことをほご色といいます。

チョウ・コノハ　私の羽は、表は鮮やかな青とオレンジ色だけど、裏は、枯れ葉のような色をしているの。それに、羽を閉じたときの形も木の葉そっくり。だから、私が木の枝にとまっていても、みんな、枝に残った枯れ葉と見分けがつかなくて通り過ぎていくのよ。ほほほほほ。

司会　コノハチョウさん、秘密を打ち明けて下さいましてありがとうございました。

実は、コノハチョウさんのほかにも、保護色で上手に身を隠す昆虫はたくさんいます。保護色は自然の隠し絵だと思えます。

昆虫を食べる鳥やトカゲは、人間と同じくらい色を見分ける力がありますから、昆虫たちの保護色は、人間の目をだますのと同じくらい、鳥やトカゲの目をだまして身を隠すのに役立っていると考えられます。では次の名人どうぞ。

コノハチョウの羽は、表はあざやかな青とオレンジ色ですが、うらは、かれ葉のような色をしています。それに、羽をとじたときの形も木の葉そっくりです。ですから、木のえだにとまっていると、えだにのこったかれ葉と見分けがつきません。

このほかにも、ほご色によって上手に身をかくしているこん虫はたくさんいます。ほご色は、自然のかくし絵だということができるでしょう。

こん虫を食べる鳥やトカゲなどが色を見分ける力は、人間と同じくらいです。ですから、こん虫のほご色は、人間の目をだますのと同じくらいに、これらのてきの目をだまして身をかくすのに役立っていると考えられます。

トノサマバッタ　えっへん、わしは、バッタの中では殿様と言われておる。わしたちは、自分の体の色と同じ色の場所に住むんじゃ。わしたちは、体の色が緑色のものと褐色のものといるんじゃ。それで、緑色の体のものは緑色の草むらに住み、褐色のものは、枯れ草や落ち葉の上に住むんじゃ。だが、ときには、馬鹿殿もいて、違う色のところに出ていって目についてしまう。

司会　トノサマバッタさんありがとうございました。殿様というわりには、かくれたりして、弱いんですね。それに、馬鹿殿もいるなんておもしろいお話ありがとうございました。

　では、最後は、ゴマダラチョウの幼虫君どうぞ。あれ、二人来たんですね。

ゴマちゃん・タラちゃん　はーい、ぼくたち、兄弟でーす。

　トノサマバッタは、自分の体の色がほご色になるような場所をえらんですんでいるようです。トノサマバッタには、緑色のものとかっ色のものがいます。野外で調べてみると、緑色の草むらにいるのは、ほとんど緑色のバッタで、かれ草や落ち葉の上にいるのは、ほとんどがかっ色です。

　まわりの色が変化するにつれて、体の色がかわっていくこん虫もいます。ゴマダラチョウのよう虫は、エノキの葉を食べて育ちます。秋になって、エノキの葉

ゴマちゃん　ぼくは、夏の国からやって来ました。
タラちゃん　ぼくは秋の国からやって来ました。
ゴマちゃん　ここにあるのは夏の緑のエノキの葉です。そこに乗っかると、ほれこのとおり、わからないでしょう。
タラちゃん　そして、ここにあるのは、秋の黄色になった葉っぱです。そこに私が乗るとやはりわかりません。
ゴマちゃん　ぼくも秋になるとタラちゃんのような色になるんだ。
タラちゃん　つまり、ぼくたちが食べるエノキの葉の色が変わるにつれて、ぼくたちの体の色も変化するってわけ。
ゴマちゃん・タラちゃん　どんなもんだい。すごいでしょう。
司会　ゴマちゃん、タラちゃん、ありがとう。気をつ

が黄色くなるにつれて、この虫の体の色も、だんだん黄色にかわっていきます。

けて帰ってね。

　さて、みなさん、昆虫を観察してみると、昆虫たちはいつも動き回っているのではなく、一日のうちの決まった時間だけ活動し、ほかの時間はじっと休んでいます。それで、多くの昆虫は、この長い時間休んでいる場所の色に似た色をしています。だから、そこにじっとしている限り、保護色は役立ちます。ところが、違う場所に出て行った場合はもちろんですが、同じ色のところにいても、動いたときなどには、鳥やトカゲに食べられてしまうことがあります。鳥やトカゲなどは、ちょっとした動作を見逃さない、鋭い目を持っているからです。でも、保護色は、どんな場合でもではないけれど、敵に囲まれて生きて行く昆虫にずいぶん役立つものなのです。皆さん、この大会の優勝は誰にしますか。


　こん虫を観察してみると、一日のうちの決まった時間だけ活動し、ほかの時間はじっと休んでいます。多くのこん虫は、この長い時間休む場所の色に、にた色をしています。じっとしているかぎり、ほご色は、身をかくすのに役立ちます。

　ところが、こん虫が自分の体の色と同じような色をした所にいたとしても、動いたときなどには、鳥やトカゲに食べられてしまうことがあります。鳥やトカゲなどは、ちょっとした動作を見のがさない、するどい目を持っているからです。

　ほご色は、どんな場合でも役立つとはかぎりませんが、てきにかこまれながら

○○　ぼくは（わたしは）□□を一等にしたいです。
それは、……だからです。

こん虫が生きつづけるのに、ずいぶん役立っているのです。

この最後のサイドライン部分は、感想文を書くなどという常套手段を抜け出る一つの試みです。

児童作品の例を紹介しましょう。

ゴマダラチョウ　わたしはゴマちゃんタラちゃんを一等にしたいです。それは、この幼虫君たちは「秋になってエノキの葉が黄色くなるにつれて、この虫の体も黄色に変わっていきます。」の所の「変わっていきます」の所では、変身したとしては上出来で、とってもいいと思うからです。そのかわり、ほかのかくれ名人たちは、見分けがつかないとかだけで、そのかわりゴマちゃん・タラちゃんたちは、変身みたいなのができて、とってもゆうしゅうです。よって、ゴマちゃん・タラちゃんに一等になってほしいです。

この例は、ゴマダラチョウの親虫（成虫）が身内の幼虫をひいきしているという裏があり、おもしろいものですが、自分がどんな立場になって評価するかという点で、他に、おもしろかったのは、例えば、カタツムリになった子どもである。自分はただ殻の中に隠れるだけなのに、□□はという述べ方でした。

事例⑨（3年）

「ありの行列」（大滝哲也）

―「ありの行列」の科学漫画を書こう―

説明文を漫画化することの良さには次のようなことが挙げられます。

1. 漫画という楽しいもので楽しめる。（絵の苦手も障害にはならないようだ。）
2. 漫画という絵に表すには、文章を正しく読み取って具体的イメージにしなければならない。それは厳しい読解過程であり、読解力を付ける効果的な方法である。
3. 児童の読み取りが絵に表れるので、これに基づいて指導がしやすい。
4. 漫画を描くということは、作業であり、活動性の満足が得られる。

この説明文教材を何度か音読させた後、これを学習漫画にしようと提案します。絵に自信のない子どもには、ありんこくらい練習すれば描けるさと、勇気づけます。また、先生と一緒に、みんなで考えるから、と安心させます。

一コマ目、二コマ目と、文章を区切ってみさせます。

それを検討し、一コマ目から七コマ目までを確定しますが、まず、いろいろの描き方があるけどと断った上で、最初のコマは一段落全部のことにします。「ありは、ものがよく見えません。」を絵で説明するにはどうしたらよいか考えさせます。例えば、ありに、保健室でやるような視力検査をさせ、一番大きく描いてあるのも「わかりません」と言っている絵を入れるなどの手があることに気付かせます。

一段落の文章をそのまま説明として入れてしまってもよいし、人間を出して、その人間に言わせてもよい。

二段落目はコマにならないことに気付かせます。また、この漫画は、ウイルソンさんの漫画ではなく、教科書を読んでよくわかった私たちが、「ありの行列」のことをわからせる学習漫画を描くのだ、ということを理解させます。ウイルソンという名前は出さないで描くことにします。

以下、どのような漫画になるかは、例えば、後に示す腹案の通りですが、この漫画化の初日の指導過程を最後まで述べておきましょう。

⑦コマ目まで、教科書本文を分けていきますが、「ありは、やがて、巣に帰っていきました」の文に対応したコマは、「巣に向かっているあり」と「巣に入っていくあり」の二コマがあった方が良いことに気付かせ、④⑤コマとします。⑦コマ目は、観察する人間を出し、この人間に吹き出しをつけて語らせると良いと教えます。

そして、いよいよ書かせますが、漫画化初体験の子どもたちには、少なくともこの辺りまでは、コマ枠を印刷した用紙を与えます。そして、書かせる前に、次のような諸注意が必要です。

①絵は、注意深く原文を読んで、間違いのない絵にする。

②漫画は、絵で表したことは文に書かなくてもよいものだが、絵の不十分さで伝わらないと困るから、文字・文章でも書く。（略しても分かればよい。）

③言葉の補い、話のふくらましがあってもよい。（原文の主旨から離れてはいけない。）

④吹き出しの文字は、初めに文字を書いてから線で囲む。そうしないと、どうしても文字を小さく書かなければならなくなったりする。

⑤文字の大きさは、5ミリ角ほどにし、行と行の間を読みやすいように多少空けるようにする。また、行が曲がらないように注意して書く。

⑥文字は必ず、右の行から左の行へと書く。

⑦一コマに二つの吹き出しが入るとき、右の吹き出しから読むように書く。このため、書く人物の配置もこれに合うようにする。

⑧絵は、登場人物をいつも全身書くのではなく、例えば「手」が問題なら、「手」だけをアップにして書くなどの工夫をする。

⑨文字は教科書に漢字で書いてあるものは、ひらがなに直したりしない。

以上までで、一時間はかかります。ここまでやって、本日は終わりでは、子どもの気持ちが納まらないでしょう。この日はもう一時間とって、③コマ目までを描かせます。作業の遅い子は、残りを宿題にします。翌日は、①から③までの作品の検討（教師が見ておいて、優れた点の紹介や問題点の指摘を行う）とともに、④⑤⑥⑦コマを描かせます。一コマごとに見てやります。

【腹案】（「　」はありの吹き出しの言葉、『　』は人間の吹き出しの言葉です。一部ひらがなを漢字にしてあります。）

①コマ目

夏になると、庭のすみなどで、ありの行列をよく見かけます。その行列は、ありの巣から、えさのある所まで、ずっとつづいています。ありは、ものがよく見えません。それなのに、なぜ、ありの行列ができるのでしょうか。（ここは教科書本文そのまま）

②コマ目

こんな実験をしてみます。

初めに、ありの巣から少し離れた所に、一つまみの砂糖を置きます。

③コマ目

（教科書本文）

アメリカに、ウイルソンという学者がいます。この人は、次のような実験をして、ありの様子をかんさつしました。

はじめに、ありの巣から少しはなれた所に、ひとつまみのさとうをおきまししばらくすると、このように、一匹のありが、砂糖を見つけました。これは、えさを探しに、外に出ていたはたらきありだと考えられます。

「見つけた。やっと見つけたぜ。イェーイ。」

④コマ目

このありは、自分たちの巣に帰って行きます。

「知らせよう」

⑤コマ目

巣の中に入りました。

「おうい、みんな、砂糖がたくさんあるぞ。」

⑥コマ目

すると、巣の中から、たくさんのはたらきありが次々と出てきました。

「さ、仕事だ、仕事だ。」

⑦コマ目

『列を作って、砂糖の所まで行くじゃないか。それ

た。しばらくすると、一ぴきのありが、そのさとうを見つけました。これは、えさをさがすために、外に出ていたはたらきありです。

ありは、やがて、巣に帰っていきました。

すると、巣の中から、たくさんのはたらきありが、次々と出てきました。

そして、列を作って、さとうの所まで行きました。ふしぎなことに、その行列

に、行列は、初めのありが巣に帰るときに通った道筋から、まったく外れていない。不思議だなあ。』
⑧コマ目
『足跡がついているのか？　いや、虫眼鏡で見てもよく見えない足跡を、目の良くないありが見ているとは考えられない。』
⑨コマ目
『どうして、こんなことが起きるのか。ちょっとじゃましてみよう。道の途中に大きい石を置いてみよう。』
⑩コマ目
『ほうら、ありは混乱したな。ちりぢりになってしまった。』
「道がわかんなくなった。」
⑪コマ目
でも、何と、一匹のありが、道を発見。砂糖に向かって進んでいきます。
「あっ、わかった。こっちだ。」

は、はじめのありが巣に帰るときに通った道すじから外れていないのです。

次に、この道すじに大きな石をおいて、ありの行く手をさえぎってみました。すると、ありの行列は、石の所でみだれて、ちりぢりになってしまいました。

ようやく、一ぴきのありが、石のむこうがわに道のつづきを見つけました。そして、さとうにむかって進んでいきまし

⑫コマ目
そのうちに、ほかのありたちも、一匹二匹と道を見つけて歩き出しました。

「うん、こっちだ、こっちだ。」
⑬コマ目
また、行列ができました。
⑭コマ目
目的地に着くと、ありは、砂糖の粒を持って、巣に帰っていきます。帰るときの道は、行きと同じです。

「目が見えなくたって、道くらいわかるよな。」
⑮コマ目
ついに、砂糖の塊は、全部運ばれてしまいました。

「あっ、もうない」
⑯コマ目
『これは、きっと、はたらきありが、地面に、何か道標になるものを付けているんだ。でも、目に見える道標ではない。多分、においだ。』


た。

そのうちに、ほかのありたちも、一ぴき二ひきと道を見つけて歩きだしました。

またたんだんに、ありの行列ができていきました。

目的地に着くと、ありは、さとうのつぶを持って、巣に帰っていきました。帰るときも、行列の道すじはかわりません。

ありの行列は、さとうのかたまりがなくなるまでつづきました。

これらのかんさつから、ウイルソンは、はたらきありが、地面に何か道しるべになるものをつけておいたのではないか、と考えました。（以下略）

⑰コマ目

はたらきありの体をよく調べると、お尻の所から、においのある、蒸発しやすい液を出していることがわかりました。

『うっ、臭い。』「エッチ」『これだ。原因は』

⑱コマ目

「ここの道は皆が通るから特に臭いな。えさがいっぱいあるんだな。わかりやすくていい。」

⑲コマ目（道が交差し、ありとありがこっつんこしている）

『これは、きっと、違うにおいなんだ。両方のありのお尻を調べよう』

⑳コマ目

「エッチ」「エッチ」

『やっぱり、違うのだ。ありの秘密を暴いたぞ。』

事例⑩（3年）

「つり橋わたれ」（長崎源之助）

―ラジオドラマにしよう―

原文の音読の発展形として、配役を決めた音読があります。これに、さらに、地の文から具体化して台詞化したものを加えたものにします。この際、教科書への書き込みではなく、ノートに全文を脚本化して書かせていきます。（たくさん書かせたいからです。）

初めに数回の音読をし、配役読みをした上で、ラジオドラマの提案をします。なぜ、動きの入らない音声だけの劇にするかは、幻想的な部分があって舞台に現実化するのが効果的でないことや物語展開が時間的に前後するので舞台化するのが難しいことがあります。もちろん、教師の都合として、あまり大がかりな準備の必要な「国語科」を越えたものにしたくないということもあります。

次のような脚本が想定されます。

【脚本腹案】（サイドライン部は原文にない部分です。逆に原文をカットした部分があります。また、一部ひらがなを漢字にしました。）

山の子たち　やあい、やあい、くやしかったら、つり橋わたって、かけてこい。

語り手　トッコは、きゅっとくちびるをかみしめて、ゆれるつり橋を見ました。ふじづるでできた橋の下には、谷川が、ゴーゴーとしぶきを上げて流れています。橋はせまいくせに、ずいぶん長くて、人が歩くと、よくゆれます。おまけに、今にもふじづるが切れそうなほど、ギュッ、ギュッと、きしむのです。だから、さすがに負けずぎらいなトッコも、足がすくんでしまいました。

山の子たち　やあい、勇気があったら、とっととわたれ。

語り手　トッコの家は東京ですが、お母さんが病気になったので、この山のおばあちゃんの家にあずけられたのです。おばあちゃんは、トッコがさびしがるといけないと思って、子どもたちを三人もよんできました。サブとタケシとミヨです。

祖母　トッコちゃんと遊んでやっておくれ。さあ、東京のおかしをお食べ。

語り手　こんなふうに、サブたちのご機嫌を取り結んでくれたのです。それなのに、トッコときたら、山の子たちに弱みを見せたくないものだから、東京の自慢ばかりしてしまったのです。

トッコ　東京にいたとき、ディズニーランドによく行ったよ。帰ったら、また行こう。スペースマウンテンてすごいんだから。

サブ　ここってなーんにもないのよね。コンビニぐらいあってもいいのに。あんたたち

タケシ　コンビニも知らないんじゃないの。お菓子だって何だって売ってるよ。そう、自動販売機も知らないんでしょう。

ミヨ　それがどうした。

語り手　おめえ、なまいきだ。

トッコ　知らないだろう。知らないだろうって、自慢ばっかりしないでよ。

語り手　サブたちがおこるのは当たり前です。そのあげくが、「くやしかったら、つり橋わたれ」ということになったのです。

サブ　ふんだ。あんたたちなんかと、だれが遊んでやるもんか。

タケシ　トッコは、べっかんこして見せました。

ミヨ　なあタケシ、トッコなんかにできないよな。

語り手　きまってらあ。

あんたなんかに遊んでもらおうなんて思ってないわよ。

おばあちゃんは、畑仕事をしたり、はたをおったりしなければなりません。だから、トッコと、おままごとやおはじきばかりしてはいられないのです。来る日も来

る日も、トッコは一人で遊びました。花を摘んだり、ちょうちょを追いかけたり、小鳥の巣をのぞいたり――。初めのうちはめずらしかったのですが、一人では、何をやってもおもしろくありません。

トッコ　ママ、今、何してるかな。早く病気治らないかな。

語り手　そう思うと、急にママが恋しくなりました。

トッコ　ママーッ。

語り手　重なり合った緑の山に向かって、大きな声で呼びました。するとどうでしょう。

山びこ　ママーッ（大きく）。ママーッ（小さく）。ママーッ（大きく）。ママーッ（小さく）。ママーッ（もっと小さく）。

カッコウの声　カッコウ、カッコウ。

トッコ　だれかあたしの声をまねしてる。

語り手　トッコは、おもしろくなって、何度も何度も呼んでみました。

トッコ　ママーッ。

山びこ　ママーッ（大きく）。ママーッ（小さく）。ママーッ（大きく）。ママーッ（小さく）。ママーッ（もっと小さく）。

トッコ　ママーッ。

山びこ　ママーッ（大きく）。ママーッ（小さく）。ママーッ（大きく）。ママーッ（小さく）。ママーッ（もっと小さく）。
語り手　トッコはうれしくなって、はたをおっているおばあちゃんの所へとんでいきました。
祖母　あれは、山びこっていうんだよ。
トッコ　ふうん。
　おうい、山びこうっ。
山びこ　おうい、山びこうっ。おうい、山びこうっ。おうい、山びこうっ。おうい、山びこうっ。（だんだん大きく）
語り手　その時です。とつぜん、どっと風が吹いて、木の葉をトッコに吹きつけました。トッコはびっくりして、思わず目をつむりました。（バックに風の吹きつける効果音を入れる。）そして、こわごわ目を開けると、そばに、かすりの着物を着た男の子が立っていたのです。
トッコ　あら、あんた、いつ来たの。
なぞの男の子　あら、あんた、いつ来たの。（にっこり笑った声で）
トッコ　おかしな子ね。
なぞの男の子　おかしな子ね。

トッコ　こらっ、まねするな。
語り手　トッコが手を振り上げると、
なぞの男の子　こらっ、まねするな。
語り手　男の子は逃げます。
トッコ　まねするとぶつわよ。
なぞの男の子　まねするとぶつわよ。
語り手　男の子は、笑いながら、つり橋をトントンかけていきました。トッコも、知らないうちにつり橋をトントン渡っていました。つり橋は揺れましたが、トッコは、もう怖いと思いませんでした。
つり橋を渡り終えると、男の子は、林の中へ駆け込んでいきました。トッコも急いで追いかけました。
でも、もう男の子の姿は見当たりませんでした。
シラカバのこずえが、サヤサヤ鳴り、ホオの木の広い葉を通してくる日の光が、トッコの顔を緑色に染めました。
トッコ　おうい、どこにいるのうっ。
語り手　すると、林の奥から、声がしました。

謎の男の子　おうい、どこにいるのうっ。

（効果音でどっと風が吹く音）

サブ　なんだ、おめえか。

語り手　そばの山つつじの後ろから、サブがひょっこり顔を出しました。ミヨとタケシも出てきました。

トッコ　今、男の子を見なかった。

サブ　いんや、どんな子だい。

トッコ　着物を着た子。

タケシ　今どき、着物を着てるやつなんか、いるもんか。ゆめ見てたんと違うか。

山の子たち　アハハハ

サブ　おめえ、つり橋渡れたから、一緒に遊んでやるよ。

語り手　それからです。トッコが山のくらしが楽しくなったのは。

でも、トッコは、もう一度、着物を着た男の子と遊びたいと思いました。ところが、いくら呼んでも、遠くの方でまねするだけで、あの子は、もう姿を見せませんでした。

【展開例】　（十二時間配当）

一、二時間目　各種音読数回

二時間目後半　ラジオドラマ化の提案をし、方法を教えながら最初の部分を書く。

三時間目　方法を習得させながら、書き進め、トッコが東京の自慢をするところでどんな自慢をどんなふうにするか各自書いてみる。

四時間目　前時の自慢部分のよくできた作品を紹介し、書き方を指導する。続く山の子たちの怒る部分を各自書いてみる。できた作品を紹介する。

五～七時間目　引き続き脚本化する。

八時間目　グループを作って、脚本の読み合わせをし、各自異同のある部分についてグループとして使うものを決める。グループの人数は八人程度にしたい。語り手はみんなで交代する。

九時間目　練習。

十時間目　録音。

十一時間目　でき上がったラジオドラマを聞く。

十二時間目　感想を書く。（トッコ、山の子などへの手紙が良い。）その他の補い。

事例⑪（3年）

「もうどう犬の訓練」（吉原順平）

―犬用ハウツー本「もうどう犬になる方法」を書こう―

この文章は、盲導犬をどう訓練するかを中心に説明したものです。これを精細に読ませるために、標題副題のような活動をさせます。限られた国語科の中で大事にしたいのは、注意深い聞き手に相当する注意深い読み手の育成です。

さて、何度かの各種音読の後、子どもたちに提案します。犬が本を読めることにして書くのだということ、その犬も、子どもの犬なので漫画風の挿絵などを入れてわかりやすくすると良いことを話します。

どんなものになるか、腹案を示します。第一段落、第二段落は、この書き換えに含めません。抽象的なことが書かれていて入れにくいし、内容的にも「もうどう犬になる方法」に含める必要がないからです。

サイドライン部は、付け加えられた内容や意味的に変更された箇所です。

犬用ハウツー本「もうどう犬になる方法」

盲導犬は、働く犬の仲間だ。目の不自由な人が、町を安全に歩けるように、目の代わりになって助ける犬だ。君、なってみないかい？

一歳から特訓だ。厳しいよ。

第一課　命令に従うこと

最初は、人間の言うとおりに行動する訓練だ。

カム、ダウン、シットなど、英語で命令されるから、その意味がわかって行動する。

ウエイトは一番難しい。君たちはもともと活発だろう。それなのに、次の命令があるまで動かないでいるのはつらいぞ。その試練に耐えられるかな。

教科書本文「もうどう犬の訓練」

（一部ひらがなを漢字にしてあります。）

盲導犬も、働く犬の仲間です。盲導犬は、目の不自由な人が、町を安全に歩けるように、目の代わりになって助ける犬です。

盲導犬になるための訓練は、犬が一才になると始まります。

最初は、人間の言うことに従う訓練です。

訓練をする人は、「カム」（来い）、「ダウン」（ふせろ）、「シット」（すわれ）などのように、英語で命令を出します。犬は、命令の言葉を少しずつ覚え、その通りにできるようになっていきます。

一番難しいのは、「ウエイト」（待て）の命令です。もともと活発な動物である犬にとって、次の命令があるまで動かないでいるのは、つらいことなのです。

例えば、こんな時、我慢強くじっと待てるように特訓する。それは、駅で電車を待つ時だ。盲導犬が勝手に動いたら、目の不自由な人は事故に遭うかもしれないんだからね。

第二課　安全に人を導くこと

次は、人を安全に連れて行く訓練だ。

この訓練が始まると、ハーネスという器具を体につける。絵を見てもらおう。人がハーネスを握ると、犬の動きが伝わる。ただの紐だったら、紐がたるんで、犬の動きが伝わらないね。また、犬は背が低いから、人がじかにさわっているわけにもいかない。そこでハーネスというものがある。盲導犬が止まれば人も止まる。

これで、危ないものの前で止まったり、それをよけたりすればご主人にそれが伝わるわ

しかし、例えば、駅で電車を待つ時に、盲導犬が勝手に動くと、目の不自由な人が事故に遭うかもしれません。ですから、盲導犬は、我慢強くじっと待つことができなければなりません。

次は、人を安全に導く訓練です。

この訓練が始まると、「ハーネス」という器具が犬の体に取りつけられます。連れている人がハーネスを握ると、犬の動きが伝わってきます。

危ないものの前で止まったり、それをよけて進んだりすることを、繰り返し繰り返し教えこまれます。例えば、段になっている所では、つまずいて転ばないように、必ず一度止まります。電柱があれば、連れている人がぶつからないように、上手によけるようにします。

※この二つの段落では、なぜ紐ではなく特別なハーネスなのかが、説明されていません。考

け。止まったりよけたりするのは難しいから、繰り返し繰り返し練習してもらう。例えば、段になっているところで止まらなければいけない。つまずくのが危険だからね。電信柱があれば、ご主人がぶつからないように上手によけなければいけない。

第三課　自分で判断する

例えば、自動車が走ってくるのに、ご主人が君にゴーの命令を出したとする。こういう時、君はもちろんいくら命令でも命令に従ってはいけないな。だから、盲導犬はゴーの命令に従って進むと自動車にぶつかりそうになるという怖い経験を繰り返して、命令通りでなく自分で判断して、前へ進まないことも覚えていく。

第四課　心構えの学習

え深い子どもでなければ、読み過ごしてしまいます。こういう所では、敢えて疑問を提示してでも訳を考えさせなければなりません。そして、「それで、盲導犬が止まれば人も止まる。」の補いがあってこそ二つ目の段落の置かれる意味がはっきりします。

使っている人にとって危険な命令には従わないことも教えられます。例えば、自動車が走ってくる所で、わざと「ゴー」（進め）と命令し、命令通りに進むと自動車とぶつかりそうになるという訓練をします。このような訓練を繰り返して、危ないときは、「ゴー」と言われても、前へ進まないことを覚えるのです。

訓練を通して、盲導犬にふさわしい心構えも身たくさんの人が忙しく動き回っている町では、いろいろなことに出会うはずだ。でも、どんなことがあっても、怒ったり、ほえたり、暴れたりしてはいけない。また、仕事中は、人に甘えても、じゃれてもいけないし、おいしそうなにおいのする方に行こうとするのもだめ。他の犬がほえても黙ってる。この練習をしなければいけない。普通の犬だと、約三ヶ月から半年でできるようになるよ。最後の一ヶ月は、仕上げで、実際にご主人と一緒に生活し、町を一緒に歩く。

訓練が終わると一人前で、八年から十年ご主人と一緒に暮らして働くんだ。目の不自由な人の体の一部になり心が通じ合う家族になる。

どう?、君、やってみないかい。

につけていきます。

盲導犬は、たくさんの人が忙しく動き回っている町で仕事をします。そこでは、いろんなことに出会います。しかし、どんなことがあっても、怒ったり、ほえたり、暴れたりしてはいけません。また、仕事中は、人に甘えたり、じゃれたり、おいしそうなにおいのする方に行こうとしたりしてはいけません。さらに、他の犬がほえても、気にしないことも必要です。

こうした訓練は、約三か月から半年かかります。さらに仕上げの一か月は、実際に盲導犬を使う人と一緒に生活し、一緒に町を歩く練習をします。

訓練を終えて一人前になった盲導犬は、八年から十年ぐらい、使う人と暮らして働きます。目の不自由な人にとって、盲導犬は体の一部であり、心の通う家族なのです。

事例⑫（3年）

「ちいちゃんのかげおくり」（あまんきみこ）

―物語をいくつかの俳句で表そう―

【この物語の扱い方】

感想を持たすことが指導する目的でしょうが、感想というものは、そう整然とまとまったものとは限りません。音楽、絵画等、感想を詳しく論理的に語れば語るほど嘘っぽくなることもあるでしょう。文学についても基本的に同じことが言えるでしょう。

感覚的に感動して読みたいときに、口頭での感想を求められたり、論理的にまとまった感想文を求められたりすると、感動を表し切れないもどかしさばかりが募り、感動さえ遠のいて行くのではないでしょうか。特に話し合いなどになると、ピーチクパーチク玉石混交の雑多な話を聞かされていると、もう、そこには、感動の一かけらも残らなくなるかもしれません。

したがって、この物語は、最初の音読は別として、後は、静かに読み浸らせたい。

ところが、ただ読ませるだけでは、必ずしも読み浸らせることはできません。ここでも、「読むために書く」ということが有効です。子どもたちは、「書くために読む」という型の学習活動をすることによって、読み浸りへと誘われます。

【俳句を書く意味】

今回は、俳句を書くことによって、読みを導くことにしました。なぜ俳句なのか。理屈にならない感動を表すには、詩のようなものが向いています。そして、その最も究極のものが五・七・五の俳句という短詩であると考えました。文中の言葉を厳選して俳句に仕立てさせますが、自分の感動に則した表現にと推考する過程は、読みを深めている過程です。

俳句というと、季語が入っていなければならないというのが常識ではありますが、ここで書かせる俳句は、季語を問題にしません。一体、季語がなければ俳句ではないという固執はどのようなところから来るのでしょうか。四季のはっきりした日本の風土の中で、自然への感受性を大切にする思いから俳句の季語が「必要」とされたと思われますが、それが伝統のルールになると、実に陳腐な内容でしかなくとも、ただ、形ばかりは、季語が入っていれば、俳句と認められるという、家元に対する踏絵のようなものになってしまったように思えます。俳句のもっと基本的な条件は五・七・五という音のリズムでしょう。しかし、このことさえ、字余り等が許されているのであるなら、季語に至っては、もっと軽視されてよいのではないでしょうか。そして、先入観を持たずに虚心に無季語の俳句を読むとき、それなりの価値が認められると思います。

文学的感受性の無さと片づけられるかもしれませんが、世に行われている俳句というものは、日常の平易な言葉をわざと気取った漢語や大和言葉あるいは古語などに置き換え、その日常性から離れた言葉の力で妙な化粧というか味つけをしているだけと見られるものが多いように思います。そんなことを後追いするような俳句指導は決してしたくありません。

【活動の流れ】（配当時間　約六時間）

1　各種音読（一時間半くらい）
2　俳句の作り方（半時間くらい）
3　俳句作り（一〜二時間ほど）
4　俳句紹介（一時間ほど）（印刷物配布による）
5　俳句品評会（一時間ほど）

【腹案】

かげおくり　父さん教えて　くれました

父さんと　別れる前の　かげおくり

兄さんと　いろいろしたよ　かげおくり
戦闘機　飛んでくる空　こわい空
空襲だ　警報サイレン　さあ逃げろ
炎来る　母、兄さんと　逃げるちい
いのち道　母とはぐれる　ちいの運
小さいちい　一人でねむる　群れの中
おばさんに　泣くのをこらえ　話すちい
焼け落ちた　お家の前で　しゃがむちい

母いない　ちいの心は　疲れ果て
ほしいいを　食べる力も　少しだけ
青空に　かげおくりする　夢の中
夢の中　会いたい家族と　花畑
夢を見る　小さい命は　空に消え
今もまた　きらきら声す　青空の下

事例⑬（3年）

「モチモチの木」（斎藤隆介）

―『子育て博士の「弱虫はこわくない」』という読み物を書こう―

【教材文の扱い方】

学習者に向かって、「感想を大切に」と示されています。しかし、この物語のテーマは見え見えで、「どんな弱虫でも、優しささえあれば、何かをやらなければならない時にはきっとやる」ということだと言ってよいでしょう。だから、「感想を大切に」といっても、そのテーマの周囲をなで回す程度のことで、感想を深め合うようなことはあまり期待できないでしょう。

そこで、今回は、そのテーマを共通理解した上で、そのことを説得的に語る文章を書かせることで、この物語の読みを確かなものにすることにしてみました。

【展開】（配当時間　六時間）

1　各種音読（二時間）

2　作者の一番言いたいことの読み取りとその後の学習活動の提示（一時間）

3　『子育て博士の「弱虫はこわくない」』を書く（二時間）

4　作品紹介（一時間）

【腹案】（枠内は共通の書き出しとして与える。）

お母さん方は、子どもは強くあってほしいと思い、わが子が臆病なのを情けないことだと思い、どうしたら良いかしらと悩むことがよくあります。しかし、弱虫をそんなに心配することはありません。私が知っている例をこれからお話しましょう。

その子の名前は、豆太といいます。年齢はそのとき五歳でした。猟師のおじいさんと峠の小屋に住んでいました。もう五歳だというのに、おじいさんについて行ってもらわないと夜は外にある便所に行けないありさまでした。そばにある大きな木がバサバサと両手を挙げるから怖いというのでした。おじいさんについて行ってもらってさえ、かかえてもらってシイーッと言ってもらわないとおしっこが出ません。

十一月二十日の夜は、その大きな木に、灯が灯る日で、勇気のある子が一人見られるのだと言われていたのですが、豆太君は、初めっからあきらめて寝てしまいました。

その日、豆太君は、夜中、うなり声で目が覚めました。それは、おじいさんがおなかが痛くて、うなっているのでした。豆太君は、医者を呼ばなきゃと思い、寝巻きのまま、はだしで、二キロもある村まで走りました。医者を呼んで帰ってくると、あの大きな木に灯がついていました。ま、これは実際は、その木の後ろにちょうど月が出て、枝の間に星が光っている、そこに雪が降って、明かりがついたように見えるんですが、とにかく、豆太君は、勇気のある子が一人見られるというその灯を見たわけです。

つまり、弱虫の豆太君も、おじいさんを心配して、一人夜道を医者を呼びに行くという勇気のある子になったのです。このことは、どんな弱虫でも、優しささえあれば、何かやらなければならない時にはきっとやることを教えてくれています。

いかがですか。お宅のお子さんも、豆太君のような子どもなのではないでしょうか。

事例⑭（3年）

「手ぶくろを買いに」（新美南吉）

―「手ぶくろを買いに」の漫画を書こう―

この教材を「場面の移り変りに注意して読み、人物の気持ちを想像し、物語を楽しむ」という目標で扱うなら、漫画化は、それに絶好の活動です。

この「手ぶくろを買いに」は、情景描写に優れた作品です。この情景を味わうとき、絵画化することほど十分な方法はないでしょう。「場面の移り変り」に注意させたいとき、細分化したコマによって場面転換していく漫画は、まさに、そのものずばりの方法です。また、「人物の気持ちを想像する」点でも、人物を描き、吹き出しから言葉を吐かせる漫画化は、無理なくそれが行われる方法です。もちろん、漫画の嫌いな児童はあまりなく、漫画化の作業もおおかたの児童には好まれます。したがって、漫画化でこの物語に深く接すれば、それだけこの物語の持つ本来の楽しさを受け取ることになるとともに、漫画化することの楽しさも受け取ることになります。

そのほか、この漫画化という方法の利点について列挙すると次のようなことが挙げられます。

1. 漫画という絵に表すには、文章を正しく読み取って具体的なものにしなければなりません。それは　厳しい読解過程であり、読む力を付ける効果的な方法になります。

2. 個別的に一人読みをしつつ進める学習法は、物語に読み浸らせるのに適しています。

3. 話し合いで意見を言わせる授業よりも、黙々と漫画を描かせる授業は一見画一的に見えますが、一人一人は多様な創意工夫をこめた作業をしています。つまり学習活動が「個性化」されています。

4. 個別学習が、一斉学習とのバランスを取って行われ、精神衛生上、好ましいものになります。

5. 漫画を描くということは、作業であり、活動性の満足が得られます。

6. 豊かな個別学習に対応して、豊かな個別指導が展開できます。

7. 児童の読み取りが絵に現れるので、これに基づいた評価ができ指導がしやすいです。

8. 漫画の作品として仕上がると、達成感、成就感の確かな手ごたえが得られます。できた漫画は半ば個性的なものなので、他との優劣の比較がしにくく、達成感が得やすいと言えます。

さて、このような漫画化ですが、児童作品例を紹介しましょう。（B5判からの縮小コピーです。）

おおよその単元の活動の流れは次のようでした。

第一次　範読と音読二回（一時間半）

第二次　音読と難語句の解決（二時間半）
第三次　コマ分け（途中まで）（二時間）
第四次　漫画化（諸注意から製本まで）（二十時間）
第五次　できた漫画の読み合い・コメントし合い（二時間）
以上計二十八時間

表紙

①寒い冬が北方から、きつねの親子のすんでいる森へもやってきました。
ぴゅー
ぴゅー
②ある朝、ほうあなから子どものきつねが出ようとしましたが……
③
母ちゃん、目になにかささった!!
ポロ
ぬってちょうだい早く早く
④
まあ!!
見せてみなさい あら? なにもささってない
⑤母さんぎつねは外へ出てはじめて、わけがわけが分りました
夜のうちに真っ白な雪がどっさりふったのね。その雪の上からお日様が照らしていたから雪がまぶしいほど反しゃしてたのね。ぼうやは雪をしらないから、あまり強い反しゃを受けたのね。だから目なにかささったと思ったんだわ。
⑥子どものきつねは遊びにでかけました。
いってきまーす
いってらっしゃーい

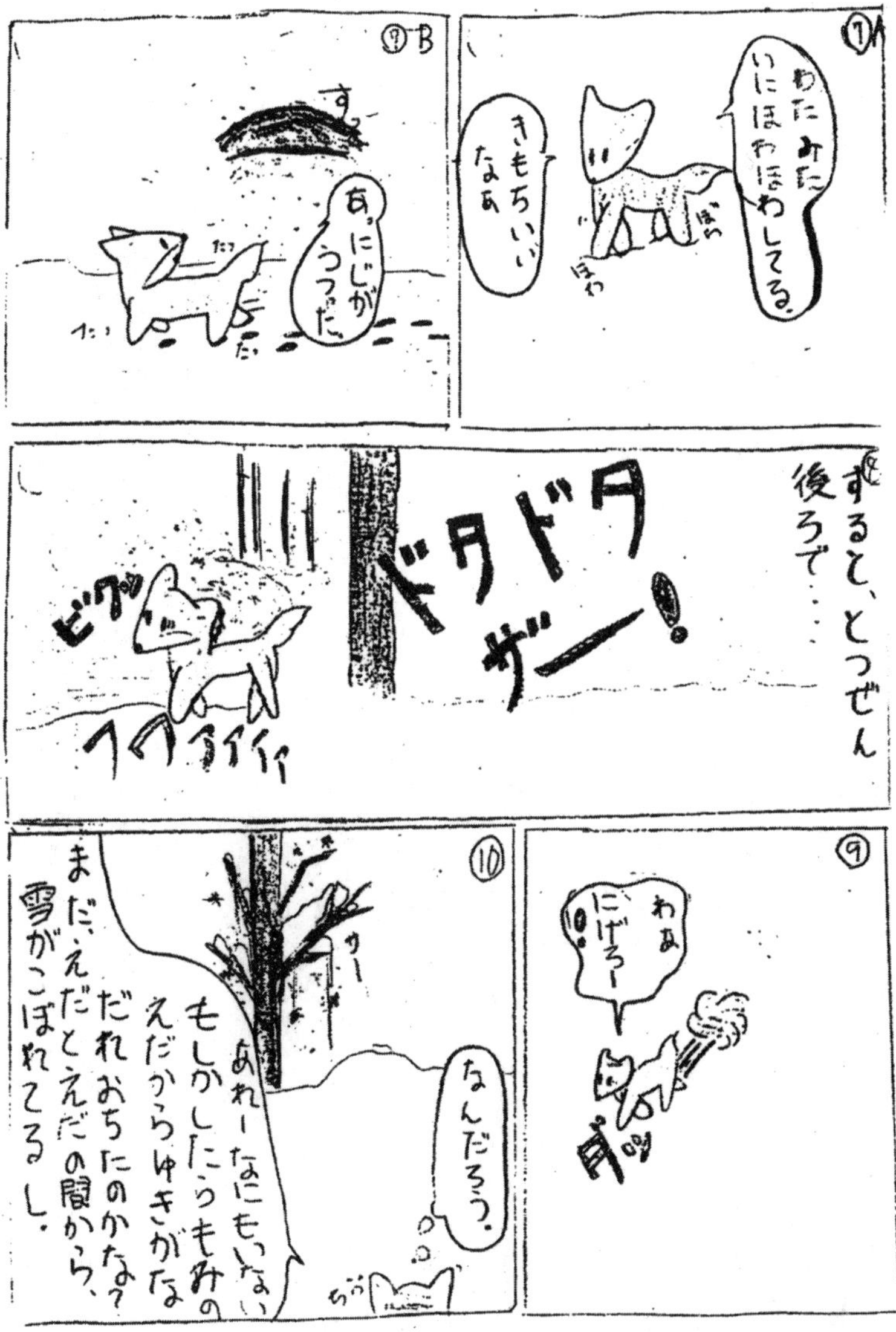
わたみたいにほわほわしてる。
きもちいいなあ
ぽわ
ほわ
すっ
あっにじがうつった。
たっ
すると、とつぜん後ろで・・・
ドタドタ
ザーー!
ビクッ
わあにげろー!!
なんだろう。
サー
あれーなにもいない
もしかしたらもみのえだからゆきがなだれおちたのかな?
まだ、えだとえだの間から、雪がこぼれてるし。

間もなく、ほらあなへ帰ってきた子ぎつね
お母ちゃん、おててが冷たーい、
まあ
おててがちんちんする
もうすぐあたたかくなるよ雪にさわるとすぐあたたかくなるもんだよ
ハァー
かわいいぼうやの手にしもやけができたら、かわいそうだから、夜になったらぼうやのおててにあうような毛糸のてぶくろを買ってあげようかしら
暗い暗い夜がふろしきのようなかげを広げて野原や森を包みにやってきました。
お母ちゃん、夜なのにどうしてまっくらじゃないの？
それはね、雪がすごく白いから包んでも包んでも、雪が白くうかびあがってくるのよ。

⑮A
あんな所にお星さまが…
んっ!
⑭子ぎつねは、まんまるな目をぱちぱちさせながら、あっちやこっちを見ながらあるいていました。
ぱち ぱち
B 母ちゃん
⑮お星様はあんな低い所にもおちてるのねえ。
あれはお星さまじゃないんだよ。町の灯なんだよ。
その時母さんぎつねの足はすくんでしまいました。
母さんぎつねは、あるとき友だちと出かけにいって、とんだめにあたことを思いだしました。よしなさいってゆうのもきかないで、友だちのきつねがある家のあひるをぬすもうとしたので、おひゃくしょうさんに見つかってさんざ追いまくられて、命からがらにげのびれたことでした…
どこいったんだ!
はぁ
はぁ
はぁ
はぁ

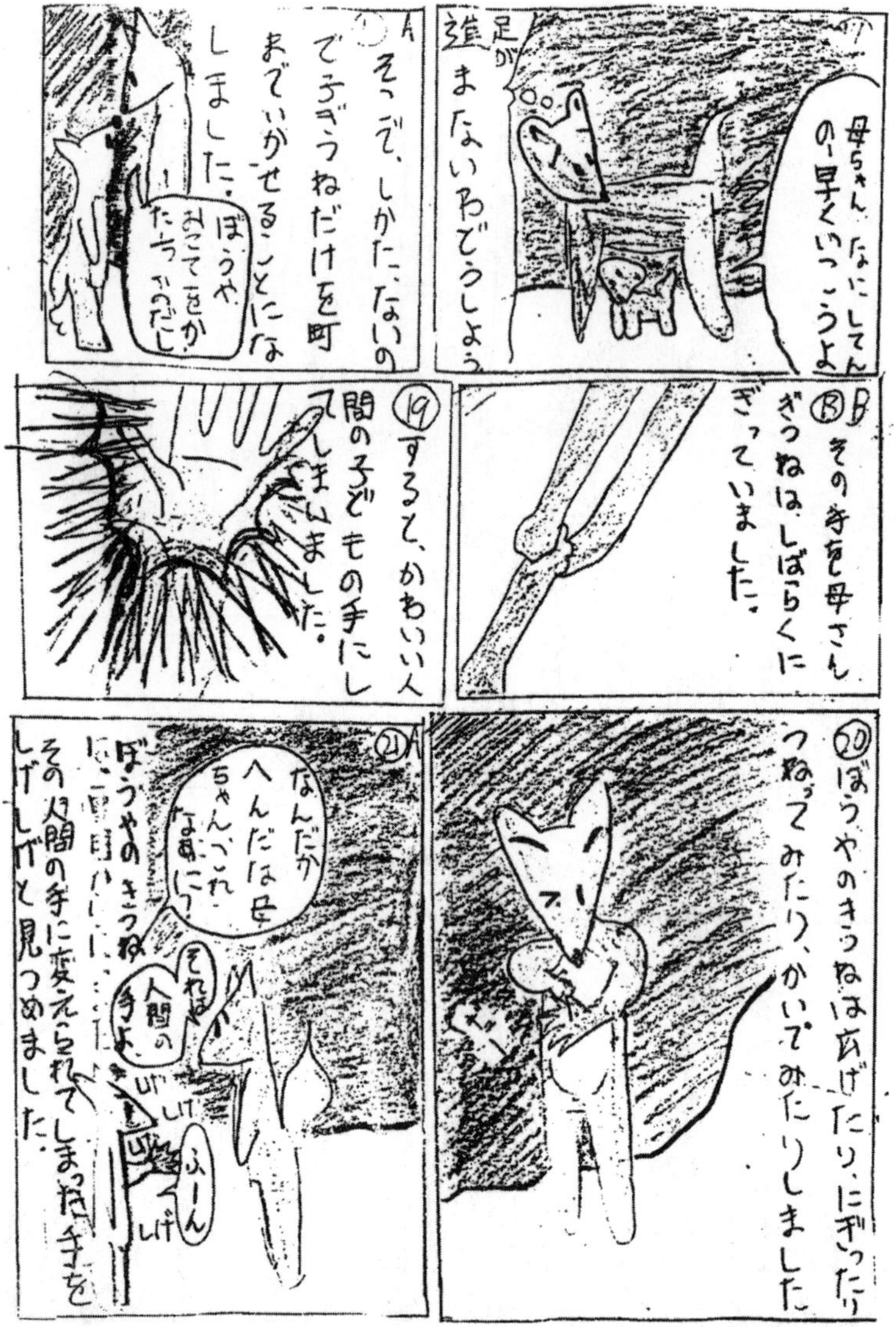

母ちゃん なにしてんの 早くいっこうよ
進足が
まないわでしょう
そっで、しかたないので子ぎつねだけを町までいかせることになりました。
ぼうや
その手を母さんぎつねは、しばらくにぎっていました。
するて、かわいい人間の子どもの手にしてしまいました。
ぼうやのきつねは広げたり、にぎったりつねってみたり、かいでみたりしました
なんだかへんだは母ちゃんこれなあに?
それは人間の手よ。
ぼうやのきつねは
ふーん
しげ しげ
その人間の手に変えられてしまった手をしげしげと見つめました。

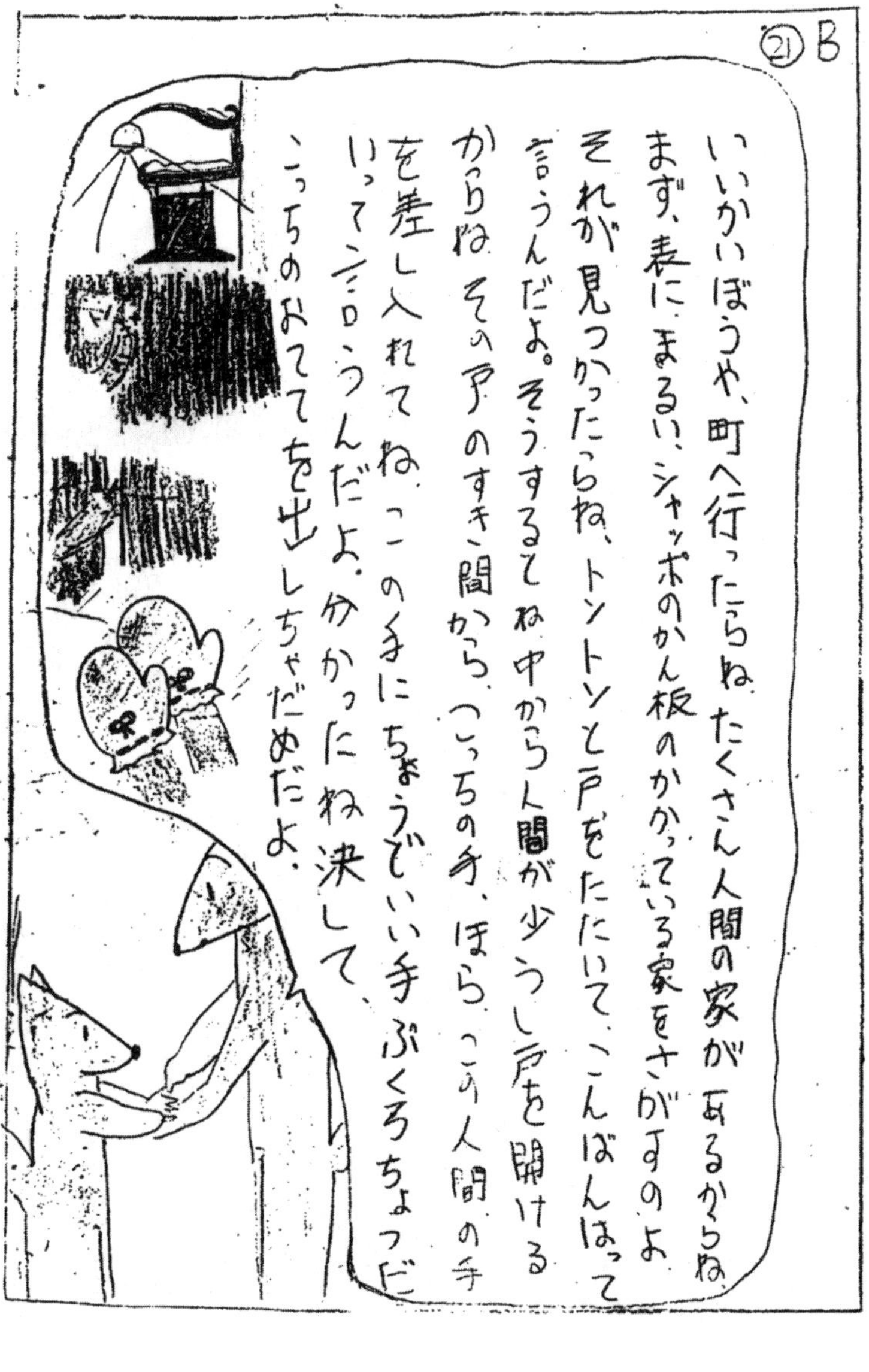
㉑ B
いいかいぼうや、町へ行ったらね たくさん人間の家があるからね、
まず、表にまるい、シャッポのかん板のかかっている家をさがすのよ
それが見つかったらね、トントンと戸をたたいて、こんばんはって
言うんだよ。そうするとね中から人間が少うし戸を開ける
からね その戸のすき間から、こっちの手、ほら この人間の手
を差し入れてね、この手にちょうでいい手ぶくろちょうだ
いって言うんだよ。分かったね決して、
こっちのおててを出しちゃだめだよ。

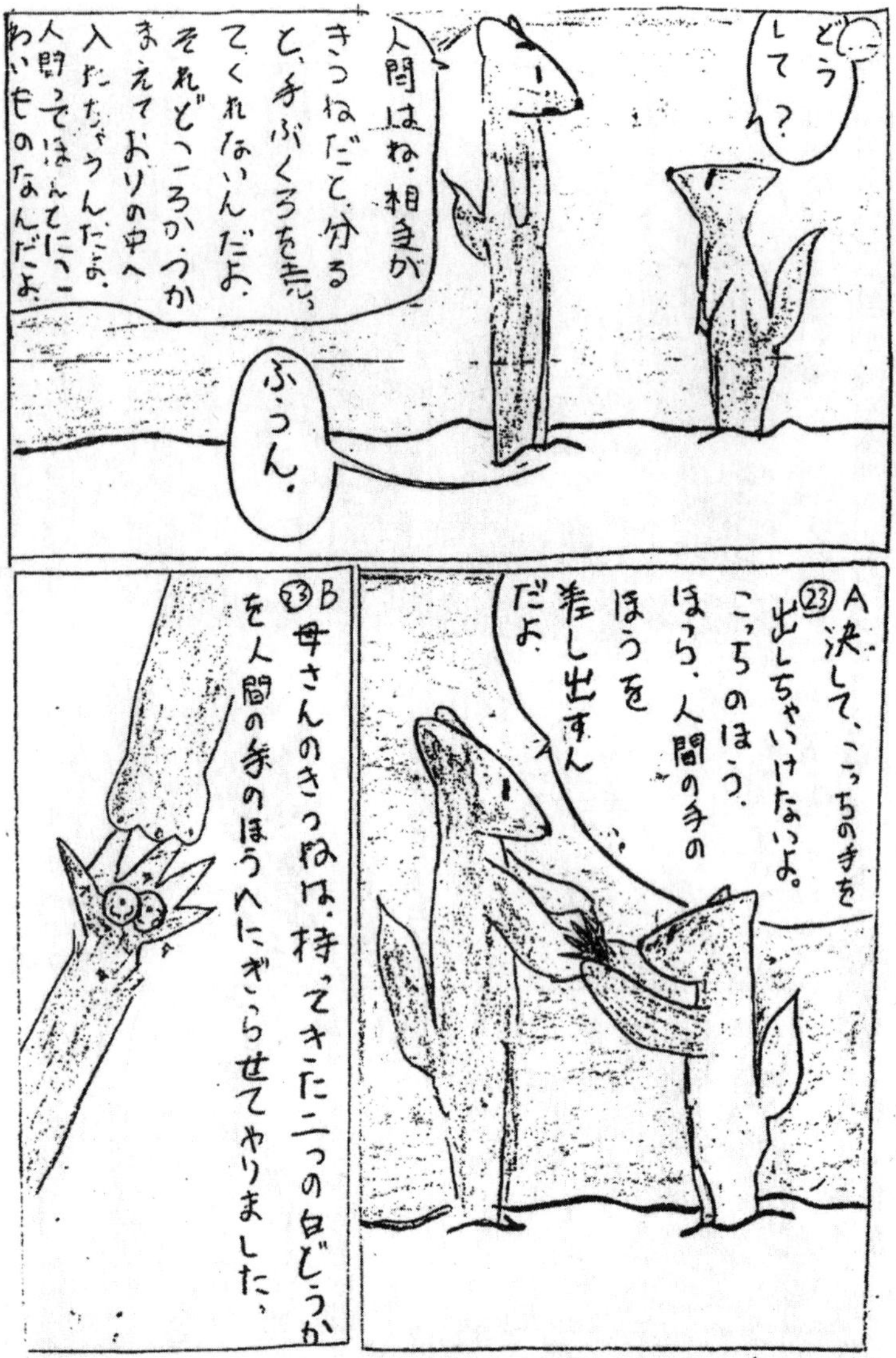

どうして?
人間はね、相手がきつねだと分ると、手ぶくろを売ってくれないんだよ。それどころか、つかまえておりの中へ入れちゃうんだよ。人間ってほんとにこわいものなんだよ。
ふうん。
㉓A 決して、こっちの手を出しちゃいけないよ。こっちのほう、ほら、人間の手のほうを差し出すんだよ。
㉓B 母さんのきつねは、持ってきた二つの白どうかを人間の手のほうへにぎらせてやりました。

㉔子どものきつねは町の灯を
めあてに、雪明りの野原を
よちよちやっていきました
あっ
町の灯が
一つ、二つ
三つ・・三つ
もあるや、
よち
よち
よち
よち
キラ
キラ
キラ
キラ
㉕A
あっ
十にも
ふえた。
キラ
キラ
㉕B
灯には、星みたいに
赤いのや黄い色いのや
青いのが、あるん
だなー〜
㉖A やがて、町に入りました
あれえ、みんな、戸を
しめてる、高いまで
から あたたかー
そうな光が道の
雪の上に落ちて
るだけだ

B
㉔ほとんど、看のかん板の上小さな電灯がともってるから
ぼう、それ見て、
ぼうし屋さん
さがそ。
C
㉕自転車のかん板、めがねのかんばん、いろいろ
あるなぁー、新しいペンキでかかれてたり
古いかべみたいにペロリとはがれてるの
もある。でもなに、なんだろう？

あった。これが、母ちゃんがよく教えてくれた黒いシルクハットのかん板だな。
コトコト
トントン
こんばんは。
道の上に光のおびが長くのびました。
ゴロリ
あっ、あいた。
子ぎつねは、光がまばゆかったので面くらって本とうのきつねの手を出してしまったのです。
このおててにちょうどいいてぶくろちょうだい
これは、きつねの手、これはきっと木の葉で買いに来たんだな。
!
先にお金を下さい。
はい。

これは木の葉じゃない。

ほんとのお金だ。

はい どうぞ
ありがとう。

お母さんは人間はおそろしいものだっておっしゃったが、ちっともおそろしくないやだってぼくの手を見てもどうもしなかったもの。そういえば人間ってどうゆうものなのかなぁ?

ねむれねむれ
母のむねに
ねむれねむれ
母の手に
うわあ、きれいな声、これはきっと、人間のお母さんだな、だって、ぼくが、ねむるときにも、やっぱあんなやさしい声でゆすぶってくれるもん。
ん？

37
母ちゃん、こんな寒い夜は、森の子ぎつねは、寒い寒いってないてるでしょうね。
森の子ぎつねもお母さぎつねのお歌を聞いて、ほらあなの中でねむろうとしているでしょうね。さぁ、ぼうやも早くねんねしなさい。森の子ぎつねと、ぼうや、とどっちが早くねんねするか、きっとぼうやのほうが早くねんねしますよ
ぼく、お母さんいないと、さびしいよ～～～。
びゅっ
母ちゃんただいま!!
おかえり！ぼうや!!
37
二ひきのきつねは森の方へ帰っていきました。月がでたのできつねの毛なみが銀色に光り、その足あとには、コバルトのかげがたまりました。

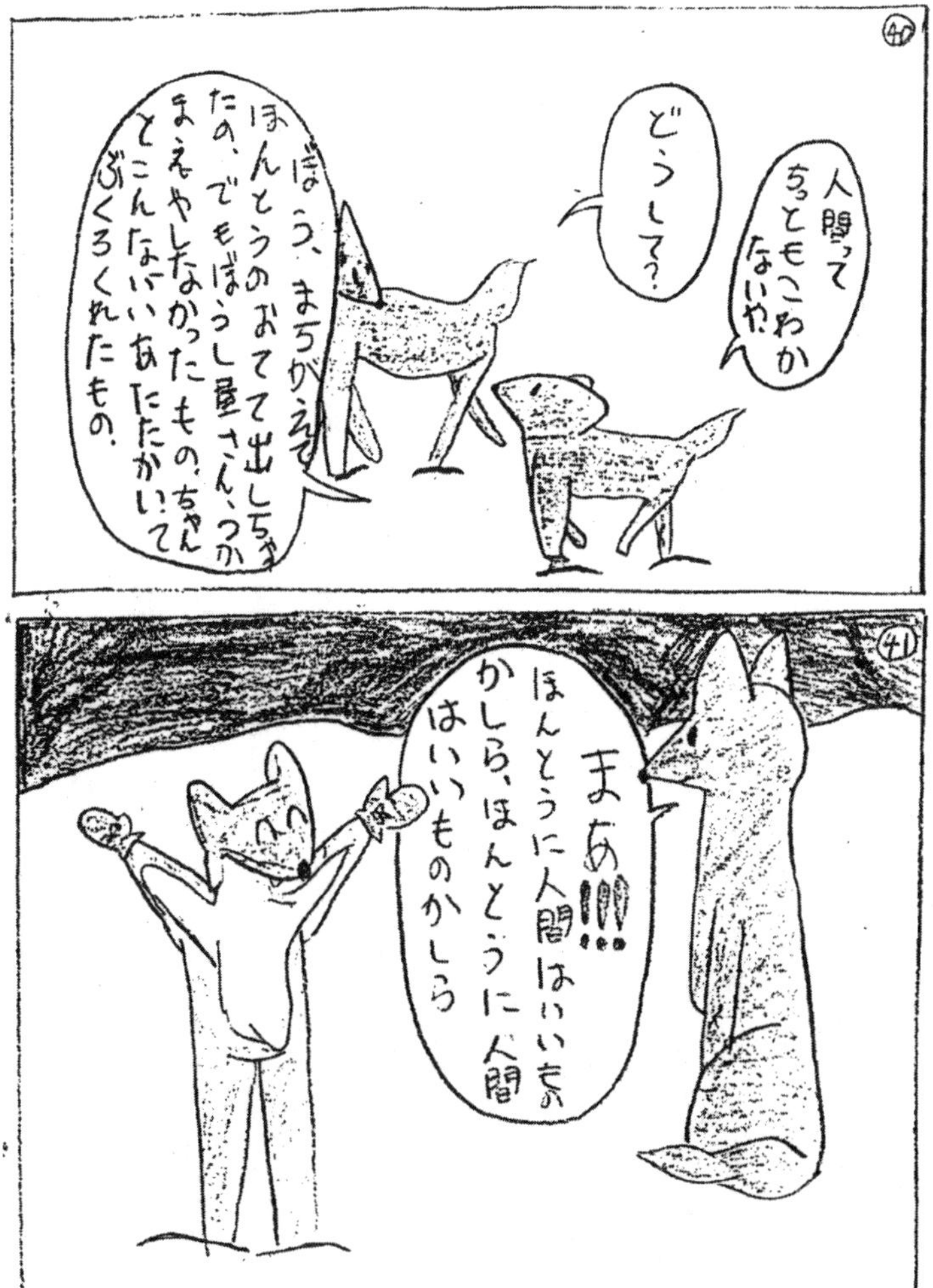
40
人間ってちっともこわかないや。
どうして？
ぼう、まちがえてほんとうのおてて出しちゃったの、でもぼうし屋さん、つかまえやしなかったもの、ちゃんとこんないいあたたかいてぶくろくれたもの。
41
まあ!!!
ほんとうに人間はいいものかしら、ほんとうに人間はいいものかしら以上のような作品を描かせるには、先に示した活動の流れ、第四次の「諸注意」が必要です。原文との関係での注意と、漫画の画面についての注意とに分けて述べます。「ありの行列」（六八頁）の漫画化で既に記した「諸注意」と多分に重なりますが、ここだけで完結する趣旨で調整はしてありません。

【原文との関係での注意】

①情景の転換を考えてコマ分けをします。（半分ほどは教師が半ば教えながら一緒にやっていきます）。なお、既に一斉学習で決定したコマ分けを自分の考えで変えたい場合、①のA、①のBなどと細分させたり、もし、二コマ分を一コマにしたい場合は、一つのコマに、①②などと入れさせ、教師が指導する時の混乱を回避する手だてとします。

②原文に書かれていることは、原則として省略してはいけません。

③絵で表したことは場合によっては文に書かなくてもよい。けれども、絵の不十分さや拙さを自覚させ、言葉でも書くようにさせます。

④できるかぎり、原文では地の文になっているものも、会話化したり、独言化して吹き出しに入れさせます。

⑤会話化したときなど、原文に使われている言葉が硬い表現なら、口語的表現に直させます。その、言葉の言い直しを工夫させますが、言い直した言葉が意味に違いが無いか検討させます。

⑥言葉の補い、話のふくらましがあってもよいことにします。（原文から離れてはいけません。）
⑦絵は、注意深く原文を読んで、間違いの無い絵にしなければいけません。
【漫画の画面についての注意】（作品例を見せて指導すると効果的です。）
①一コマ一コマの枠をきちんと定規で付け、隣のコマとの間を2ミリは空けます。
②用紙の周辺は一センチほど空けます。
③文字の大きさは小さくなり過ぎないようにします。5ミリ角ほどに。
④吹き出しの文字は、初めに文字を書いてから線で囲みます。そうしないと、どうしても文字を小さく書かなければならなくなったりします。
⑤文字は必ず、右の行から左の行へと書きます。
⑥一コマに二つの吹き出しが入るとき、右の吹き出しから読むように書きます。このため、書く人物の配置もこれに合うようにします。
⑦行と行の間を読みやすいように多少空けるようにします。また、行が曲がらないように注意して書きます。
⑧コマの順序は、右上に始まって、左下に移動していくようにします。（コマの番号は、各コマの右上に入れます。）
⑨一ページのコマ数は、いろいろでよいが、なるべく大きく書くようにし、一コマだけのページ

があってもよいし、二コマにするのもよい。
⑩コマの形は、長方形だけでなくいろいろに工夫して効果的にします。
⑪絵は、登場人物をいつも全身描くのではなく、例えば「手」が問題なら、「手」だけをアップにして描くなどの工夫をします。
⑫文字は教科書に漢字で書いてあるものは、ひらがなにしてはいけません。
⑬回想場面などでは、吹き出しの中にまた絵が入るなどの工夫もできます。
⑭分量を考えて、一つの作品を、二人三人で分担して書いても良い。分担して書いた場合、相棒の作品をコピーしてもらい、自分の分と一緒にして作品が一つでき上がります。この場合、コピーのときにうすくて写らない部分が出ないよう、文字や絵を平均した濃さで書きます。彩色は、コピーする場合、後にします。

事例⑮（3年）

「サーカスのライオン」（川村たかし）

―①ライオンのじんざと男の子の日記を書こう―
―②火事でのできごとについて、新聞に載るおじさんの話を書こう―
―③ライオンのいない火の輪くぐりについて、客の言葉を書こう―

この作品全体の筋書きは、こんなものです。年老いたサーカスのライオンが、元気に芸ができなくなり、ライオンの係が彼を人間の服装にして散歩に出しました。ライオンは、そこで出会ったファンの男の子と仲良くなります。サーカスが明日で終わるという晩、男の子の家が火事になります。ライオンは、おりを破って男の子を助けに行きます。男の子を助けることはできましたが、ライオンは炎に巻かれ燃え上がって空に消えます。翌日、ライオンの出演しない火の輪くぐりに観客は盛大な拍手を送ったのでした。

児童文学といわれるものでも、大人の鑑賞に堪えられるというか、子ども大人の区別なく読み味わうことのできるものがあります。例えば、「手ぶくろを買いに」はどうでしょう。こういうものはほかにいくらでも上げることができるでしょう。その一方で、この「サーカスのライオン」は、その筋だけからも、無理な展開があったりして、大人一般に楽しめたり感動をよんだりするものではないと思われます。しかし、子どもには、その鑑賞に堪えるものかも知れません。それなら、大人としての教師にいくら抵抗があっても、教材としての価値はあるかも知れません。文学作品に、子どもにしか通用しないもの、子ども大人の区別なく通用するもの、大人にしか通用しないものの三種があるとして、教材的には前二者は同等の価値を持ち得るのではないかと思われます。そういうわけで、安直に捨てるよりは、扱ってみて、子どもの反応を見るのもおもしろいと思われます。次のように扱ってみました。

まず各種音読を繰り返し、単行本で出ているこの物語の絵本の挿絵を見せます。難語句の解決を含めて四時間です。そして五回目の時間に最初の部分についてライオンのじんざの日記を書かせました。

Sさんの作品を紹介しましょう。(教科書本文には無い内容にサイドラインを付してみました。)

今日、わしは、自分のきょくげいがくるまで、ねむっていた。そして、また、アフリカのゆめを見た。父さんや母さんがゆめに出てくる。わしは風のように走っている。そのとき、「じんざ、おきろ、じんざ。」と声がした。やっと自分の番が来た。おじさんが、「始めるよ。」と言ったので、わしは、火の輪を前にジャンプした。わしはもうなれていたのでかるがるしくとんだ。やがて夜になりテントの明かりがきえた。お客が帰ったテントはシーンとしずまりかえり、さっきのはくしゅがうそのようだった。ときどき風がふくような音でとらがほえるだけだった。
※「わしはもうなれていたのでかるがるしくとんだ。」は、この後で「今日のジャンプなんて、元気がなかったぞ。」と言われるのだから、読み間違っているとも取れるが、慣れているから特別の元気を出さずに跳んでいるという含みがあるとも読める。Sさんはこの作品全体の書きぶりからもわかるとおり優秀な児童であるから、後者と解釈できます。

六回目の時間は、前時の日記の紹介に半時間ほど当てた後、じんざが夜この日記を書いていると、おじさんが「たいくつかね。」とやって来て、人間に変装して散歩に出かけ、男の子と出合った経験を前時の日記の続きとして書きます。（合わせて二時間）
七回目には、前時の作品の紹介をした後、同じ場面を、男の子の側から見るように男の子の日記を書きました。（二時間半）
八回目、男の子がライオンに会いに行った場面を、男の子の側から、そしてじんざの側からも日記として書きます。また、男の子が毎日やって来たということで、わずかですがその折の記述

があるので、そのうちのある日の日記（双方）を書きます。（前時の作品の紹介を含めて一時間半）

九回目、「いよいよ、サーカスが明日で終わるという日」についてです。この日、ライオンのじんざは火事に巻き込まれて死にます。しかし、火事が起こるのは「夜ふけ」です。当然その日の日記は書き終えていました。この日の男の子との交流を日記に書きます。男の子の日記は省略してよいでしょう。（前時の作品紹介を含めて一時間）

十回目、十一回目、夜更けの火事の場面について、教材文にはない虚構の加わった作文になりますが、ライオン使いのおじさんがおりを破って逃げ出したじんざを追いかけていって現場を目撃し、新聞記者に語った形で書かせます。（前時の紹介を含めて三時間）

この「おじさんの話」を腹案として書いてみました。少し長いですが、以下のとおりです。サイドラインを付した部分が、本来の物語には無い内容、つまり虚構の部分です。

夜ふけになって、私はサイレンの音で目がさめました。「火事だ。」というどなり声が聞こえました。その上、テントが強い風でひるがえる音がしています。私は、こういうとき、サーカス小屋に火事が移らないか心配です。外のようすを見に出ると、何と、じんざのやつがテントから飛び出していきます。まったくおどろきました。まっしぐらにかけて行きます。一瞬おどろいたまま何もできませんでしたが、すぐに自分の仕事を思い出しました。私は、ライオンに責任がありますから、じんざを追いかけました。じんざの走りっぷりと言ったら、あれはきっとアフリカの草原を走っていたときと同じだったのではないでしょうか。一かたまりの風のようにすっとんでいきました。私は、バイクで追いかけたのですが、見失わないようにするのがやっとでした。追いかけていくと、火事の方へ火事の方へとじんざは走ります。アパートが燃えていました。まだ消防車は来ていません。人々ががわいわい言いながら荷物を運び出していました。

そのとき、

「中に子どもがいるぞ。助けろ。」

と、だれかがどなりました。私は、もう中に入るのはむりだと思いました。じんざはどうしたかと見ると、ぱっと火の中へ飛びこんだのです。今思えば、じんざは、いつも火の輪くぐりをしていたので、なれているとでも思ったのでしょう。きっと。

けれども、ごうごうとふき上げる炎は階段をはい上がり、煙はどの部屋からもうずまいてふき出ていました。そのときは、じんざが自殺したのかと思いました。私に元気がないと言われたりして、老いぼれたことを気にして自殺したんだろうかと考えました。そんなことを思って見ていると、アパートの窓からじんざが首を出しました。そして、ウォーツとほえたのです。ああじんざもこれでおしまいと思って声も出ません。そのすごいライオンの声で気がついた消防車が下にやって来て、はしごをかけました。じんざを助けるのかと見ていると、何と、じんざは、消防士に一人の子どもを手わたしていました。じんざは目をおさえていました。私もみんなといっしょに飛びおりろとさけびました。しかし、もう、風に乗った炎は真っ赤にアパートを包みこんで、火の粉をふき上げていました。じんざのすがたはもうありませんでした。

やがて、私たちの前に、一かたまりの炎がまい上がりました。そして、炎は、みるみるライオンの形になって、空高くかけ上がりました。ぴかぴかにかがやくじんざでした。金色にかがやくライオンは、空を走り、たちまち暗やみの中に消え去りました。

男の子が助かったという話を聞いて、じんざが人助けをしたことはうれしいのですが、でもなぜ、あんなことをしたのでしょう。私にはわかりません。ライオンがいなくなったら私は失業ですよ。

実際に子どもたちが書いたものはおじさんの立場を考えたものにならず、教科書本文に明らかな内容だけで書かれる傾向がありました。この物語の本筋ではありませんが、ライオンが檻を破って町に出てしまった時、サーカスの係のおじさんの立場でどんなことになるか、立ち止まって少し考えて書くように指示すると良かったのでしょう。このような、ライオンが檻から飛び出したら、係の人は追いかけるに違いないという必然性の感じられる設定の中で、本文の書き換えの要素を持ちながらも、虚構の部分を多分に持つ作文を経験させることは、理解するための書くことに加えて、作文学習の経験を豊かにすることになるでしょう。（「ごんぎつね」のごんが死ななかったという必然性の感じられない設定で続き話を作るなどは邪道でしょう。）

十二回目、最後、火事の翌日の場面、今度は子どもたちがお客の一人になって、ライオンのいない火の輪くぐりの感想を記者のインタビューに答える形で書きます。（前時の作品紹介と合わせて一時間）

実践時にかかった時間を記してみましたが、参考になるでしょう。これに漢字学習の時間一時間を含めると、この単元の時間数は計十六時間でした。書く時間が豊かに設けられるとともに、虚構の作文まで書かせているのだから、この十六時間は納得してよいのではないでしょうか。また、一時間以上にわたって書かせ続けることが児童に苦痛を与えるかのように感じる向きもあるでしょうが、書き慣れているなら問題ないです。何かまとまった作文を書かせるときなど、二時間くらい与えるのは普通のことだし、児童がそれに困難を来しているとは思えません。生活作文などを書かせるときに比べれば、教科書の書き換えは読むことを含んで、単調ではなく、また容易な作文を書いているのであって、苦痛とは縁がないとさえ言えます。

さて、子どもたちがこの物語を楽しんだか、反応はどうだったかですが、大人と違って無理な所が気になったりすることもなく、並の教材以上に楽しんだようです。

事例⑯（4年）

「春のうた」（草野心平）

―この詩を普通の作文にするとどうなる？―

詩の特質というものを理解して詩を読解する学習をさせるには、同一の内容を敢えて散文に書き換える作業が有効です。

（原詩）

ほっ　まぶしいな。
ほっ　うれしいな。
みずは　つるつる。
かぜは　そよそよ。
ケルルン　クック。
ああいいにおいだ。
ケルルン　クック。

ほっ　いぬのふぐりがさいている。
ほっ　おおきなくもがうごいてくる。
ケルルン　クック。
ケルルン　クック。

【散文化の試み】

かえるは、冬の間、土の中にいて、春になったので地上に出てきました。そのとき、土の中とちがってすごく明るかったので、

「ほっ　まぶしいな。」

と思いました。そして、土の中から出て自由になった気がして、

「ほっ　うれしいな。」

と言いました。

出てきたそばに池がありました。水は、暖かい光になでられているかのように、つるつるして見えました。かぜは、そよそよふいています。あんまり気持ちが良くて、かえるは思わず叫びました。

「ケルルン　クック。」

何の匂いを運んできたのでしょう。花の匂いでしょうか。また叫ばずにいられませんでした。

「ケルルン　クック。」

そして、かえるは、辺りを見回して、いぬのふぐりが咲いているのを見つけました。もう一度、目をつぶってその匂いをかぎました。いい匂いだと満足して、目を開けると空に大きな雲が動いて来ます。もう、気持ちいいったらありません。

「ケルルン　クック、ケルルン　クック」

と、二連発するしかありませんでした。

事例⑰（4年）

「白いぼうし」（あまんきみこ）

―替え話「黄色いぼうし」を書こう―

【替え話を書くことの意味】

四つの意味があります。

一つは、視写的意味、二つには、正確な読み取りの意味、三つ目として、原文の創作的秘密に迫る意味、そして、創作的意味です。

①視写的意味

視写の意味についてはすでに言及しています（コラム「視写の一般的方法」三六頁）が、筆速を高めることをねらうのでないなら、一斉に書かせる必要も急がせる必要もありません。そして、多くのメリットがなお残ります。

替え話では、九十パーセントは実質的に原文と変わらない文になるので、結果的に視写をしたことになります。視写のための視写は、特におもしろいものとは言えませんが、これは、自分が責任を持って自分の文章として決断して書くのです。対象となる文章を教師からの指示で無責任に書き写すものとの違いは大きいです。視写のための視写を否定するものではありませんが、他の必要に迫られた視写というものの価値はさらに高く評価できると思います。

②正確な読み取り

元歌をよく知らない状態では替え歌どころではないのと同様、原文自体の理解が不十分では替え話を書くどころではありません。つまり、逆に言えば、替え話を書くときには、原文の正確な理解に迫られるということです。

③創作的秘密に迫る

替え話を試みると、なかなか原文を壊せない思いがしたり、敢えて替えた場合、原文の良さを減じてしまうことに気付かせられたりします。つまり、替え話の試みを通して、原文の創作表現の用意周到さに気付かせられます。それは、あたかも創作の秘密を発見するようなものです。具体的には後で説明します。

④創作的意味

前項の「創作的秘密」に触れることによって、児童が、同様な創作の技を試みることが期待されます。もちろんそこまでいかなくとも、替え話は、九十パーセントを原作者の知恵に負いながら十パーセントは創作なのです。これは貴重な経験と言えます。

【授業展開】（十一時間）

1　各種音読六回程度（一時間）

2　替え話の提案・替えるもの・その候補の出し合い＋音読一回（一時間）

3　替え話を書く＋音読毎時一回（部分）＋替え話の部分的紹介（七時間）

4　「白いぼうし」の感想を書く＋発展読書（一時間）

5　前時の紹介＋漢字・言葉その他の補い（一時間）

【替えるもの・替える例】

基本的に重要なのは、以下の中でも、①⑥そして⑩や⑪である。

①松井さんが乗せていたもの―マツタケ、新茶、りんご、なし、もも、いちご、かき、みかん。
レモン、メロン、パイナップル等

②運転手の名前―松川さん等

③季節・天気―十一月の終わり等

④並木の種類―いちょう等

⑤ぼうしの色―黄色等

⑥ぼうしの中にいたもの―てんとう虫、アゲハチョウ、とんぼ、コオロギ、バッタ、カマキリ。
カエル、亀等

⑦男の子の幼稚園名、氏名―かめやまようちえん　かめだ　かめお等
⑧おまわりさんの体格―のっぽ等
⑨人間の姿になったものの姿―丸坊主の男の子、お下げ髪の女の子等
⑩行く先としてあげる地名―草むら横丁、池岸町、かえる池、亀池、とんぼ山、みかん林等
⑪本当にある地名―草原橋、池之端、かえる沼、亀が丘、鶴亀橋、とんぼが原、みかん園等
①⑥を変えることに伴って、ここに上げたものを含めていろいろ変えなければならなくなる。それとは無関係に、まだ変えられるものはいろいろあるでしょう。例えば、速達の代わりに宅急便等です。

【創作の秘密の発見】

①なぜ夏みかんにしたのか

強い匂いで作品全体を満たす効果があります。また、色も作品全体を彩っています。

②なぜもんしろちょうにしたのか

うっかりと帽子をつまみあげたときに出る様子が絵になります。菜の花横丁とか菜の花橋という美しい場所を連想させる地名と対で考えられた設定ではないでしょうか。そして、最後の場面、たくさんのちょうが踊るように飛んでいるのを車の中で見て、本来聞こえるはずのないちょうの声を聞くというのも、他のものでは同様の効果を上げにくいと思われます。

③作品についた色
夏みかんの黄色、柳の緑、白いぼうし、白いもんしろちょう、これらの色彩は作品の雰囲気を形作っています。

【参考例】 替え話　黄色いぼうし

「これは、りんごのにおいですか。」（以下、サイドライン部は変えた部分）

ほりばたで乗せたお客の紳士が、話しかけました。

「ええ、そうですよ。」

信号が赤なので、ブレーキをかけてから、運転手の松川さんは、にこにこして答えました。

今日は、十一月の終わり。

秋も深まった気持ちの良い日です。（服装については省略されている）

「ほう、りんごてのは、こんなににおうものですか。」

「もぎたてなのです。きのう、いなかのおふくろが、宅急便で送ってくれました。においまで私に届けたかったのでしょう。」

「ほう、ほう。」

「あまりうれしかったので、いちばん大きいのを、この車にのせてきたのですよ。」

信号が青に変わると、たくさんの車がいっせいに走り出しました。その大通りを曲がって、細いうら通りに入った所で、紳士はおりていきました。


アクセルをふもうとしたとき、松川さんは、はっとしました。

「おや、車道のあんなすぐそばに、小さなぼうしが落ちているぞ。風がもうひとふきすれば、車がひいてしまうわい。」

黄色に色づいたいちょうの下に、かわいい黄色いぼうしが、ちょこんと置いてあります。松川さんは車から出ました。

そして、ぼうしをつまみ上げたとたん、ぴょんと何かが飛び出しました。

「あれっ。」

コオロギです。あわててぼうしを持って追いかけました。そんな松川さんの前を、コオロギはぴょんぴょん飛びはねると、並木の下の植えこみの中に見えなくなってしまいました。

「ははあ、わざわざここに置いたんだな。」

ぼうしのうらに、青いししゅう糸で、小さくぬい取りがしてあります。

「かめやまようちえん　かめだ　かめお」

小さなぼうしをつかんで、ため息をついている松川さんの横を、のっぽのおまわりさんが、じろじろ見ながら通り過ぎました。

「せっかくのえものがいなくなっていたら、この子は、どんなにがっかりするだろう。」

ちょっとの間、かたをすぼめてつっ立っていた松川さんは、何を思いついたのか、急いで車にもどりました。

運転席から取り出したのは、あのりんごです。まるで、あたたかい日の光をそのままそめつけたような、見事な色でした。あまい、いいにおいが、風で辺りに広がりました。

松川さんは、そのりんごに黄色いぼうしをかぶせると、飛ばないように、石でつばをおさえました。

車にもどると、丸坊主のかわいい男の子が、ちょこんと後ろのシートにすわっています。

「道に迷っちゃった。行っても行っても、四角い建物ばかりなんだもん。」

つかれたような声でした。

「ええと、どちらまで。」

「え。――ええ、あの、あのね、草むら横丁ってある？」

「草原橋のことですね。」

エンジンをかけたとき、遠くから、元気そうな男の子の声が近づいてきました。

「あのぼうしの下さあ。お母ちゃん、本当だよ。本当のコオロギがいたんだもん。」

水色の新しい虫とりあみをかかえた男の子が、エプロンを着けたままのお母さんの手を、ぐいぐい引っ張ってきます。

「ぼくが、あのぼうしを開けるよ。だから、お母ちゃんは、このあみでおさえてね。あれっ、石がのせてあらあ。」

客席の男の子が、後ろから乗り出して、せかせかと言いました。

「早く、おじちゃん。早く行ってちょうだい。」

松川さんは、あわててアクセルをふみました。いちょうの並木が、みるみる後ろに流れて行きます。


「お母さんが、虫とりあみをかまえて、あの子がぼうしをそうっと開けたとき——。」と、ハンドルを回しながら、松川さんは思います。「あの子は、どんなに目を丸くしただろう。」

すると、ぽかっと口をOの字に開けている男の子の顔が、見えてきます。

「おどろいただろうな。まほうのりんごと思うかな。なにしろ、コオロギが化けたんだから——。」

「ふふふっ。」

ひとりでに笑いがこみ上げてきました。でも、次に、

「おや。」

松川さんはあわてました。バックミラーには、だれもうつっていません。ふり返っても、だれもいません。

「おかしいな。」

松川さんは車を止めて、考え考え、まどの外を見ました。

そこは、小さな団地の前の小さな野原でした。

コオロギが、たくさんで鳴いているのが、聞こえました。その声を聞いているうち、松川さんには、それがこんなように聞こえてきました。

「よかったね。」

「よかったよ。」

「よかったね。」

「よかったよ。」

それは、小さなすずをふったような声でした。

車の中には、まだかすかに、りんごのにおいが残っています。

事例⑱（４年）

「ヤドカリとイソギンチャク」（武田正倫）

―「ヤドカリとイソギンチャク」のクイズを作ろう―

大変わかりやすく書かれた科学読み物です。説明の筋道が明快です。何度か音読したら、段落に注意しながら小見出しをつける作業をし、この説明文の全体の構造を確認するとよいでしょう。教科書の手引きにおいても、三つの問いに対する答えの部分をどこですかと問うています。しかし、このような問いに答えるのは、勉強としてやれと言われるからやるというもので、特別魅力的というものではありません。だから、このような学習だけで終われば、受け身の体験しか残りません。教科書もそこをわかってか、「ヤドカリとイソギンチャクの助け合いを説明したパンフレットを作りましょう」「ヤドカリとイソギンチャクの立場になって対談をしましょう」という活動を提示し、一つを選ぶよう促しています。私のお株を奪われたかと言えば、そうは言えません。両者とも、丸写し的に書くか述べるかになりがちでしょう。とにかく難しいと思います。そこで、敢えて、標題副題のような活動を組入れ、積極的な姿勢で読む経験を与えます。いくら教師の発案に基づくものであっても、子どもたちがそのとき、「やりたい」と強く思うか否かです。前者と格段に違うものがあります。積極的姿勢で、クイズを作ろうとするとき、そこに行われる読解作業は質の高いものになります。子どもたちは書くために読みます。教師は質の高い「読む」を期待して書かせます。

以下に腹案を掲げます。解答はカードの裏側に書くようにします。

①ソメンヤドカリの貝殻にベニヒモイソギンチャクがついているのはどうしてですか。
ア　イソギンチャクがヤドカリの貝殻を石と間違えたから。
イ　ヤドカリがイソギンチャクを岩からはがしてきて自分の貝殻にくっつけたから。

正解は、イです。足を使ってイソギンチャクの体をつついたり、両方のはさみで引っ張ったりしてはがし、かかえるようにして、自分の貝殻に押しつけます。

②タコはイソギンチャクのついていないヤドカリは貝殻をかみ砕いて食べてしまうのに、イソギンチャクがついていると食べません。それはどうしてですか。
ア　イソギンチャクの味が嫌いだから。

イ　イソギンチャクが体に毒を持っているから。
ウ　イソギンチャクに触れると針が飛び出し、それに刺されるとしびれてしまうから。
エ　イソギンチャクがきれいで、そのままにしておきたいから。

正解は、ウです。ヤドカリは、このためにイソギンチャクをわざわざくっつけたのでした。ヤドカリにとってイソギンチャクは敵から身を守ってくれる武器です。

③イソギンチャクには、ヤドカリにつくことでどんな利益があるのですか。
ア　別に利益はない。
イ　ヤドカリと一緒に動くので、いろいろな場所のえさを取れる。
ウ　ヤドカリの食べ残しをもらえる。

正解は、イとウです。石についたイソギンチャクは動けないので、そこに来る魚やえびを待つしかありません。また、ときにはヤドカリの食べ残しをもらえるそうです。

事例⑲（4年）

「たかの巣取り」（千葉省三）

―脚本を書いて、ペープサート劇をしよう―

時代背景が相当現代と違いますが、子どもたちにはそれがあまり障害にならず、登場人物と同じ子どもとして、物語の世界を共有できます。名作です。特に登場人物が男だけで、特に男の子に親しみやすいと考えられます。これは特長です。

会話部分がかなりを占めているところから、単なる音読を一歩進めて、役割分担をして音読させるのはごく普通のことでしょう。劇化の発想はこの延長線上にあります。舞台上で行う劇では、木登り場面等をやりにくいので、ペープサート劇にしました。

劇化のメインのメリットは、脚本化の作業です。本文を具体的にとらえ、目の前に見えるものとする過程は、本文のこれ以上ない精密な読解過程です。そのほかのメリットについては後で述べることにし、どんな手順で単元が展開されたか、単元終了後に作文学習として書かせた児童の学習の記録を使って明らかにしてみましょう。前半はＳＮ君のもの、後半はＳＴ君のものとＳＭ

さんのものを載せます。なお（　）付きで他児のものを加え、補いました。

【児童の書いた学習の記録】

「先生が区切って読みますから、区切ったところまで読んでください。」と先生が言いました。そして、三回ぐらい読みました。でも、ぼくは、引っかかった所や言葉を読み間違えしたこともありました。でもぼくは何とか読めました。

そしてだいたい読めるようになったら、分からない言葉を分かるようにしました。ぼくは、けっこう分からない所がありました。でも全部分かるようにしました。

そして、先生が、

「じゃあどういうふうに勉強しますか。」

と言いました。

そして、いろんなことが出てきました。紙しばい、ペープサート、げきと出ました。そして、ペープサートとげきを一緒にしようということになりました。だから、ペープサートげきになりました。

そして、決まったら、脚本を書きました。（先生が、「ペープサートにするなら脚本を作らないとだめだよ。」と言って脚本を作り始めました。）先生と一緒に書いた部分もあれば、自分で書いた部分もありました。（最初は先生と同じに書いたけど、だんだん書きなれたから、自分たちで考えて書きました。そして、やっとできました。「ふうっ」と思いました。）（「　」でない所も言葉に変えて、三ちゃんとかのせりふにしました。十五時間かけて脚本を作りました。）（ふつう使っている言葉をほかの変な言葉に直すのは大変でした。）

そして、だれとだれで何役をするかを決めました。けっこうかんたんに決まりました。（私の役は早く決められましたが、I君とA君が残って、残りの役が省ちゃんの役しか残ってなくて、その二人が気が合わなくて……。）

※筆者注：学級にある三列を使って、三グループ作りました。そして、その十人ほどを二人ずつ同じ役にし、前後半でペープサートを動かす役、せりふを言う役を交代させました。

二人で相談してペープサートげきの人形を紙に書きました。（ペープサートも作りました。私は、咲と一緒に喜作ちゃんをやりました。私は前向きと後ろ向きを作りました。咲は、左右の横を作りました。私と咲は、喜作ちゃん役だから、ひょっとこ面をつけてやるから、ひょっとこ面を作ってから、どうつけるか相談したんだけど、私は、顔に引っかけたんだけど、咲はわゴムで引っかけたのです。）（田んぼや木は、放課後にやりました。今まで、放課後にいたことがないので、上級生になると残ることもあるんだなと思いました。絵の具でぬったり、色鉛筆でぬったりクレヨンでぬったり大変でした。だけど、がんばったかいがあって、きれいに仕上がりました。)

そして、列ごとのグループで文章を合わせて、ちゃんとせりふになるようにしました。ぼくたちのグループは一番脚本を合わせるのが遅いグループです。(脚本は、みんなと一緒に書いた所と、みんな別々に書いた所があって、そこの部分をだれのがいいかと相談し合って、いいのを書いた人のを印刷してみんなといっしょにしました。列ごとにやったから、列によってせりふが違います。)(グループでみんなそれぞれちがう脚本をお話になるように文をまとめていきます。まとめるのにすごい時間がかかりました。なので、私は、「練習する時間が十分できなかったらどうしよう。」と心配してしまいました。)―以上前半です。

いよいよ練習になりました。(練習のときは、みんなで注意し合いながら、「そこはこうした方が感じが出るんじゃなあい?」とか「そこの部分はこうして大きな声を出した方がいいよ。」とか教えてあげました。)

最初のうちはペープサートを使わないで読む練習をしていたけど、途中からペープサートを使って練習したとき、N君チームの方がぐずぐずしていたから注意したら、「やってみろ」とか言って、Mとぼくでけんかをよくしてしまいました。

仙ちゃんたちは三ちゃんを大事にし過ぎると思ったけど、最後の〈アッチー〉であまやかしがとれました。それがおかしくて、アッチーの前は笑っちゃいけない時なのに、笑ってしまって、少し、そこは難しかったです。

ぼくたちは、理科室や屋上でやるのがほとんどだったので、本物（注）本番で使う道具もそろい公演の場となる教室の意味）では一回しか練習できませんでした。たかの巣の場所とか、落ちる場所が、せりふと動かす組み合わせがうまくいかなかったから、本番は不安でした。ぼくの脚本が途中でどっか行っちゃったからさがしたり、いろんなことが起こりました。と中で歌の高さを直したりしました。

そして、本番をやりました。大きな声で言いました。きんちょうもしました。その時のふんいきに合わせて言いました。それで大成功しました。後で、先生が、全部で三十時間やったと言いました。その時、ぼくは、「そんなにやったんだ。む中になっていたから分からなかったのかなあ。」と思いました。—以上ST君

やっと、みんなで練習に入りました。でもやっぱりふざけそうだったのが、A君とI君でした。みんなが続けてせりふを言っているとき、「今、どこやってんの。」とか言いました。そのたびに時間がむだになってしまいました。でもだんだん続けられるようになりました。本番の日になりました。私はむねがどきどきしていました。校長先生も来ていました。

最初は、I君のせりふです。「だいしゃくぼうのぼたんすぎにたかが巣をかけたっちぞ。おめえ見たけ。」I君は、はっきり言えて、I君は練習とは大ちがいでした。そして、その

後もちゃんと言っていました。

そしてA君の番になりました。ちゃんと言っていたのはいいけど、プリントがごちゃごちゃでした。でも、友達のを見せてもらったりして、なんとかだいじょうぶでした。わたしもがんばりました。そして、他の人も、練習以上にがんばっていました。よかったです。——以上SMさん

（I君とかA君とか、あまりつっかえてなかったです。すごいと思いました。こんどお母さんたちに見せるのが楽しみです。）

【この学習をどう見るか】

以上の記録に明らかなように、この単元の学習には膨大な時間をかけていますが、そこに含まれている学習価値もそれに見合った豊かなものです。特に私が良かったと思っているのは、グループで一つの脚本にまとめる段階や上演のための練習の段階での話し合いや、協力の経験です。もちろん、それがうまく行かずけんかが起きたりするのもまた良い経験なのです。苦労も多かったが、最終的な目的のためには時間を忘れて努力し、子どもたち自身が、予期する以上の成果を実感して終わるというのはすばらしい経験でした。年に一度ぐらい、このような桁外れの、それこそ総合学習と言ったらよいような単元を予定するのも良いのではないでしょうか。

次に、どのように脚本化の指導をしたかに触れないわけにはいきません。できるだけ簡単に触れておきましょう。

【脚本化の指導】

いつもの通り、腹案としての脚本を書いてみます。この作業を抜きにしたら、私は子どもにやらせることができません。ぶっつけ本番で始める度胸はありません。ある程度教えれば子どもにも書かせられるという目処がたって、子どもとの共同作業に入れます。

原文を脚本化するに当たって、第一の工夫は、地の文に現れる「おれ」とは作者千葉省三であることにして、「省ちゃん」を登場させることです。「おれ」は作者が物語の中に作った人物であって、作品中の一人称が作者自身などと読むのは原則的にはおかしいのですが、四年生の子どもとこの物語を読んで行くとき、この方便は許されるでしょう。

そして、極力、地の文をせりふ化するとともに、部分的には、適切に「かげの声」として扱います。また、ときには、原文に書かれている気持ちやしぐさに関わることを、無理にせりふ化しないでト書き扱いします。これを具体的に教える必要があります。

最初は、子どもに考えさせながら、一斉授業の形で、一緒に書いていきます。この物語の冒頭は会話中心に書かれており、脚本にするのが非常に容易な部分で、好都合です。

最初の所は、こうなっています。

だいしゃくぼうのぼたんすぎに、たかが巣をかけたそうだ。
「おめえ見たけ。」
と仙ちゃんにきくと、

誰がきいたのかを考えさせます。そして、「省ちゃん」を登場させるのです。そして、冒頭の地の文をせりふ化する指導を行います。「かけたそうだ」の所を、そのままにはできませんから、例えば次のようにします。

省ちゃん　だいしゃくぼうのぼたんすぎに、たかが巣をかけたんだってな。おめえ見たけ。

しばらくすると、誰が言ったか書かれていない会話の連続部分が出て来ます。ここは、各人物の人物像を論議しながらも、誰のせりふとするか決め手はないので、最終的には、適当に決めます。

次は、たかの巣を取りに行くことが決まる場面ですが、会話は途中から省略されてしまいます。ここは、いかにもありそうな会話を想像して書かせてみます。道具を用意する場面では、挿絵の人物を、本文と対照して確定し、本文に書かれている助治、喜作ちゃんの持ってきた物のことだけでなく、他の登場人物についても、用意した物のことで会話を創造します。

このようなことをあまり丁寧にやっていると先へ進まないので、教師の統制のもとにほどほどに扱っていくことも必要になります。その他、いろいろな意味で難しいところなどもあるので、個別に任せて書かせていい場面と、統制を強めて一斉学習の形で進めるところを適切に区分していく必要があります。

個別に任せて書かせた場合には、各自のノートを見てやり、皆の参考になるものを紹介します。こういうことにかなり時間がかかりますが、紹介してもらうことが励みにもなるし、省くことはできません。その分、作業の遅い子にとっては、宿題で頑張ってもらわねばならないこともありました。

なお、きっかけは忘れましたが、このクラスには学級活動の係活動に「劇係」というのがあって、お粗末ながらも常に劇だの、ペープサート劇だのを練習し公演していました。児童は身近にこの様子を見ているので、国語科でのペープサート劇にも親しみを持って取り組むことになったように思われます。(今にして思えば、係活動に「劇係」があるというのは全国的にもユニークだったかなと思います。私が作らせたわけでもなく、自治的活動として子どもたちがあるといいと考えて発想したのであり、本物の特別活動が実現していたんだなと思います。)

事例⑳（4年）

「一つの花」（今西祐行）

―①視写し、解釈や感想を書き込み、発表し合おう―
―②母親が娘に庭のコスモスの由来を話して聞かせる文章を書いてみよう―

この物語の指導にあたる教師は、過去の戦争についてほとんど何の知識も持たない四年生がこの物語を読むには、過去の戦争について最低限の知識が必要である、と思うでしょう。しかし、それは、戦争のきっかけだの経過だの、またその評価・善悪などを語ってやることは意味しないはずです。そういうことは、この物語の読解に不必要です。往々にして、教師は、原爆の話まで持ち出すのではないでしょうか。しかし、原爆などこの物語の読解と全く関係ないでしょう。戦争の相手がアメリカだったとか、連合軍だったとか、全世界だったとかも関係ありません。読み取りにあたって、触れる必要が全くありません。文章に出てくる言葉で子どもがわからないものについて説明してやるなり、辞書を活用させるなりするだけでよいはずです。子どもがわからない言葉は、次のようなものでしょう。

戦争（?）、配給、配給の切符、防空頭巾、兵隊（?）、軍歌、とんとんぶきこれだけでしょう。

このような最低限の知識でどのような読みに至るか、子どもたちの反応を楽しむというのも、教師としての楽しみになるでしょう。

「解釈や感想を書き込む」というのがメインの学習活動ですが、この活動の意義については、本節の最後にコラムとしてまとめておきます。

【単元指導計画】（8時間扱い　丸数字は何時目かを表す。）

第一次①　範読と音読練習

②〜⑥　全文のほぼ一文ずつの視聴写、音読、書き込みと、その交流。

なぜ、一文ずつなのかについて述べておきましょう。範囲が広がれば広がるほど、一文一文がおろそかにされることはもちろんですが、子どもの関心が拡散し、発表が焦点のないものになります。そして、それを聞く者の頭の中も散漫になってしまいます。ここで授業を進める教師がうまく話を方向づけたり交通整理ができればよいのですが、私もだめですが、そのような能力のある教師はめったにいないでしょう。無理なことをせず、容易にできる方法をとるべきです。

第二次⑦　母親が娘にコスモスの由来を話して聞かせる文章を書くこと。
第三次⑧　前時の児童作品の紹介と感想文を書くこと。

【第一次の②～⑥時の指導】

次のパターンを繰り返し、時間が来たら終わりにする。

1「何ページ何行目から（板書を）書きます。いつものように、先生と同じ速さで書くように努力してください。書き終わったら、赤ボールペンで書く用意をしていてください。」

2「書けた人、一緒に読みましょう。」（書き終わらない者は書き続ける。音読は張りのある、伸びやかな声を要求。変なアクセントになっていないかもチェック。）

3「赤ボールペン、行きましょう。」（赤ボールペンで、理解・解釈や感想を書かせる。）

4「では聞いてみよう。」（二名から五名くらいを指名。指名された者の発表内容でいいなと思ったり、教わったと思ったとき、青ボールペンで書きとめさせる。逆に反対意見などがあれば発表させる。教師は、児童から出たものを価値付けたり、出てこなかった重要な理解・解釈や感想を紹介する。）

【ある日の授業で発表された書き込み】　○が教科書本文、（　）内が書き込み。（一部ひらがなを漢字にしてあります。）

○そんなとき、お父さんは、決まってゆみ子をめちゃくちゃに高い高いするのでした。

（ほしいものが手に入らないゆみ子をかわいそうに思っている。）

○それから間もなく、あまりじょうぶでないゆみ子のお父さんも、戦争に行かなければならない日がやってきました。

（じょうぶじゃない人も行ったんだ。）

（お父さんは死ぬかもしれないのに行くのはいやだと考えた。）

（ゆみ子のお父さんが命を落としたらゆみ子が悲しむだろう。）

（戦争に行く人が少なくなったからゆみ子のお父さんも行くことになったのかな。）

（じょうぶでない人は後から行くと決められていたのかな。）

（それだけ日本の戦力がなくなってしまったのかな。）

○お父さんが戦争に行く日、ゆみ子は、お母さんにおぶわれて、遠い汽車の駅まで送っていきました。

（ゆみ子はそのとき大泣きしたのかな。）

（近くの駅がこわされたのかな。）

（ゆみ子はお父さんと離れることがわかっていたのかな。）

（お母さんはどんな気持ちで送っていたのかな。）

○頭には、お母さんの作ってくれた、わた入れの防空頭巾をかぶっていきました。

（その時は、いつばくだんを落とされるかわからなかった。）

（いつ何か落ちてくるかわからない。）

（駅に行く時も危なかったんだな。）

（お母さんは、作るのに徹夜したのかと思う。ばくだんをふせぐために作ったのかな。）

（戦争に行った時、防災頭巾がお父さんの思い出になったと思う。）
○お母さんのかたにかかっているかばんには、包帯、お薬、配給のきっぷ、そして、大事なお米で作ったおにぎりが入っていました。
（それほど戦争の時はお米が大事だったんだな。）

（何の薬かなと思った。）

（そういう大事なものを持っていったんだ。）

（配給のきっぷは特に大事。）

（他に何が入っていたのかな。）

（お母さんは万一のために用意したんだな。）

（いつけがをするかわからないから包帯を持っていったのかな。）

（お父さんに食べさせようとしたのかな。）

（お父さんのためのおにぎり。）

【第二次の指導】　書き出しを次のように与えて書かせます。
「なぜ、私には、お父さんがいないの？　教えて。」
「いつか話してあげたいと思っていたの。お父さんはいたのよ。でもね、あっ、そう、その前にコスモスのことから話さなくちゃ。」

以下に、児童作品例を紹介しておきましょう。右の書き出しを受けた部分です。

外にコスモスがいっぱいあるでしょ。それはお父さんがくれたコスモスからとれた種から育ったものなのよ。それをくれたのはお父さんが戦争に行く日だったわ。その時は食べ物が少なくって、ゆみ子はすごくおなかをすかしていたの。そして、駅についてもゆみ子はおなかをすかして泣いていたの。一つだけ一つだけと言ってね。そしたら、お父さんがそのコスモスをくれたのよ。そして、ゆみ子が喜んでいるうちに行ってしまったの。（以下略）

書き込みの価値

ⓐ一文一文考えて読む

文章のどこにもこだわりを持たない、立ち止まりのない読みというのは、読まないに等しくもあるでしょう。そこで、立ち止まり、話し合いを持つのが、多くの教室の実態でしょう。でも、その多くは、話す前に書くとか、話し合った後で、その収穫をノートにとどめることが少ない。あるいは大きなスパンで、単元の終わりに感想文とか、一時間の終わりに少々という例が多いと思います。そうではなく、一文程度ごとに、それを行います。書くことは考えることです。一文一文考えて読むということです。

ⓑ考える中身

どのようなことが書き込まれたら良いのでしょうか。次のようなものが考えられます。

① つまりどういう意味になると、言葉を解釈するもの。
② 記述内容の原因や理由を探るもの。
③ 特定の語に注目して、記述されていない所まで明らかにするもの。
④ 表現に込められている感情を読み取るもの。
⑤ 記述されていることを自分たちの生活と比較するもの。

⑥ 記述されていることから生じる結果を考えるもの。
⑦ 記述されていることから、登場人物の境遇を想像するもの。
⑧ 特別な表現方法に気付き、疑問を呈するもの。
⑨ 論理的に不可解な場所などを指摘するもの。
⑩ 「…」などと省略されている部分の意味内容や意図を探るもの。
⑪ 特定の語句の特定の使用場面を理解するもの。
⑫ 記述されている行動が生まれるもとになる感情を指摘するもの。
⑬ 登場人物それぞれの感じ方の違いを理解するもの。
⑭ 記述されている内容から、書かれていない状況を読み取るもの。
⑮ 判断を読者にゆだねている部分について、自分なりの判断を示すもの。
⑯ 素直な読後感を表明するもの。
⑰ 記述内容の意外性の効果に気付くもの。

まだあるでしょう。いろいろあるものです。

事例㉑（4年）

「ムササビのすむ町」（今泉吉晴）

―今泉先生とお話ししよう（対話文を書く）―

【対話化の開発】

この教材は「Q&A」（「QA化」）ではうまくいかない、おもしろくないと思ったとき、そのバリエーションとして思いついたものでした。

「Q&A」は、二学年教材の「たんぽぽ」で行っており、引き続いて、五三頁にコラム「QA化のメリット」があるので参照していただきたいが、読者を想定し、読者に対して本文に基づく質問を出し、これまた本文に基づいて答を教えるというものです。これに対し、「対話文化」というのは、原文の著者に対して質問などをしながら、語ってもらうという形をとります。「対話文化」においては、「Q&A」と違って客観的記述に終始するのではなく、著者との心の交流を含むことになります。この文章は、単なるムササビについての客観的記述だけでなく、今泉吉晴さんの研究や保護活動のドキュメントになっています。ムササビの陰に今泉さんを隠してはいけないのです。

今泉さんという人間をもっと前面に出す必要があります。そのためには、「対話文」を書く手法は適切であったと思っています。

文章を読むということは、著者と対話をすることでしょう。ですから、この対話文化の手法は、読むために行う最も基本的な手法の一つになると考えます。普通は、読書で対話するといっても、対話は、声にも出さぬうち、一瞬一瞬のうちに消えてなくなります。あいまいなままに過ぎ去ってしまうことも多いです。そこで、学校教育の中では、読後に感想文を書かせるとか、文章読解過程で感想等を話し合うなどが行われます。しかし、これらの方法には大きな弱点があります。読後の感想文ということでは、誰かの講演を長時間聞いた後一言というようなものであって、対話にはなりません。また、読解過程で一斉授業の中で感想を話し合うというのも、文章に向き合うというより先生の発問に向き合いがちです。直に本文そして著者に向かい合わせたい。なおまた、話し合いの授業は、その中で活躍できる者には一応良いが、多くの者を傍観者にしがちです。こう考えると、一人で本文に向き合い著者と対話していく「対話文化」の価値がますます知られてきます。

文章読解過程で、書き込みをするとか、書き足しをするなどということ、あるいは、吹き出しを入れさせるなどということは一般化しているかもしれません。しかし、これらは、子ども自身が自ら興味を持って取り組むには地味です。「対話文化」は、著者に対する親しみや尊敬、内容に対する興味があるならば、これを動機として楽しく作業を継続する意欲が与えられます。

【実践経過の概要】

読点区切りで範読し音読させることから始め、各種の音読を繰り返した後、難しいところを質問させ、分かるようにする時間を経て、今泉吉晴著『平凡社ジュニア写真動物記「ムササビ」』の読み聞かせを行い、対話文化の授業に入りました。都合、約二十三時間、ちょうど一ヶ月にわたる授業でした。対話文化の授業は、約十五時間ですが、実際に書く時間と良く書き換えた例の紹介とに、三対二くらいの比率で時間を使いました。したがって、書く時間は授業時間だけでは不足し、続きは宿題になりました。人によって違いますが、およそ学校で三に対し家庭で一の割合であったでしょうか。

【対話文化の実際】

本文は次のように始まっています。

> 昭和五十六年四月五日、わたしは、山梨県都留市の朝日馬場にある石船神社の森に、ムササビが住んでいることを知った。
> わたしは、自分の住む都留市のムササビについて調べていたのだが、それまで、この森はムササビが住むにはせますぎると思っていた。

このような文章を書き換えて「対話」の文章に直すためには、まず最初は、模範的に教えます。どのように書き換えできるか考えさせながら、このように書き換えできると教えるのです。

私――今泉さん、先生は、いつ石船神社の森にムササビが住んでいることを発見したんですか。
今泉―あれは、昭和五十六年の四月五日でしたよ。
私――先生は、それまでも都留市のムササビについてよく調べていらっしゃったのに、どうして見つけられなかったんですか。
今泉―私は、石船神社の森はムササビが住むにしては狭過ぎると思っていたんですよ。
私――それでも発見してしまったのはどういうわけなのですか。

ここまで一時間かけました。次の時間は以下のとおりです。

【本文】
しかし、幹の回りがゆうに一メートルをこえるみごとなケヤキの木があると聞いて、あるいはと思って来てみたのである。そして、神社の前の道の上に、ムササビが芽を食べたあとの、ケヤキの小枝を見つけたのだった。……

【対話文】

今泉――実は、ムササビは、大きな木を使うんだけど、ある時、あの神社には幹の回りが一メートルを楽々越えている見事なケヤキの木があると聞いて、もしかするとと思って行ってみたわけですよ。そうしたら、神社の前の道の上に、ムササビが芽を食べた後の、ケヤキの小枝が落ちているではありませんか。これが証拠ですよ。

私――良かったですね。それにしても、私だったら、落ちていたケヤキの小枝を見ても、ムササビが食べた跡を発見なんかしなかったでしょう。先生はさすがですよ。

このような対話文化の活動は、一斉授業として約一週間続けました。指導者としての私は、前もって作成した対話文の腹案を持って臨みますが、どのように書き換えたらよいか子どもたちに考えさせせながら進めます。だんだん子どもたちが書き換えの仕方に慣れて来て、いろいろな良い提案が出るようになります。そして、一つのものにまとめ切れなくなります。この「対話文化」は、「Q&A」など以上に、個性的な書き換えになるものであって、書き換えの授業を始めた直後から、一斉授業でまとめていく困難を感じました。実は、初め、ノートには、「書き換え　四年一組のみんな」と書いたのですが、書き換え文の一部は、一斉に進めた時も、個人の自由に任せました。ただ、いくら一斉指導に困難があるからといって、安易に個人に任せ切りにすると、低次元の書き換えに終始してしまったり、中には、書き換え方自体が理解できないような者まで出るに違いないのです。少しくどいと思われるくらい指導はしなければなりません。手放す時期は専門職としての勘です。

全体の文章の約四分の一まで一斉授業で進めました。そして、この後、いよいよ子どもたちが一人一人で取り組む対話文化の活動に入りました。この活動には本当にすごい集中を示し、黙々と取り組みました。目の前に今泉先生がいる気分になって対話を楽しんだようです。ここにその一部を紹介しましょう。浄泉寺の部分です。

【本文】

浄泉寺のムササビは、お寺の森に巣にできるようなうろがないので、お寺の本堂やかねつき堂の屋根うらを巣にしている。ここのムササビは、行きは飛んで出かけていくが、帰りはえさ場から電線を伝わって帰ってくる。高い木がないので、飛んで帰ることができないからである。

【SMさんの書き換えた対話文】

今泉――最後は、浄泉寺のムササビのことをお話しすることにしましょう。ここのムササビは ちょっとおもしろいんだよ。

私――何がおもしろいんですか。

今泉—それは後でお話しすることにして、まずは、ムササビの巣のことをお話ししましょう。ここのムササビは、お寺の森に巣にするようなうろがないんです。

私——それじゃ、すめないんじゃないですか。

今泉—それが、すめるんですよ。お寺の本堂やかねつき堂の屋根うらを巣にするんです。だから、すめるんだよ。

私——へー。ムササビも頭を使うんだね。ところで、えさ場にどうやって行くんですか。

今泉—行きは、前と同じで飛んでいきます。

私——帰りはどうするんですか。

今泉—その質問を待っていました。ムササビは、なんとえさ場からある物を伝わって帰ってくるんです。何だと思いますか。

私——うーん、わかんなーい。ヒントを教えて。

今泉—じゃあ、ヒントを教えましょう。ヒントは、帰る時には高い木がないから飛べません。

私——まだわかんない。

今泉—それでは、答を言いましょう。答は、電線を伝わって帰ってくるでした。

私——えー電線を伝わるの。器用だな。もしかしたらサーカスに入れるかもね。

冒頭で、今泉先生が、「ここのムササビは、ちょっとおもしろいんだよ」と気を持たせる発言をするところが、この子の大変気のきいた表現です。

文章の構成上、「それは後でお話することにして、まずは、ムササビの巣のことをお話ししましょう」というような表現をとるのは、それまでに指導してきたことが生かされています。「帰りはどうするんですか」以下の所も、気を持たせ、電線を渡るということを導くために多くの言葉を費やしています。読みの浅い子の例では、ムササビがどうやって帰ってくるか今泉先生が問題を出すと、私が簡単に当ててしまいます。電線を渡って帰ってくることなど普通には想像もできないということをおさえていないのです。

この部分を別の構成で書いた場合、こんな表現も生まれます。（ＴＭさんの例）

> 今泉—どうして、浄泉寺のムササビは電線を伝わって帰ってくるのでしょうか。
> 私——ムササビだって飛んでばかりいないで歩きたいのかな。
> 今泉—それで、ちえを働かしていることになるかな。
> 私——あっ、そうか。わかんないなあ。……わかった。高い木がないんだ。

冗談を言ったり、この書き換え対話を余裕を持って楽しみながら、本文の趣旨を生かし、「ちえを働かしていることになるかな」「高い木がないんだ」と書く、心憎いばかりの作品です。

事例㉒（4年）

「ごんぎつね」（新美南吉）

―ごんと兵十の日記を書こう―

この物語のおもしろさは、ごんと兵十が離れた所から互いに関心を向けながら、兵十はごんの考えと行動を理解できないまま結末に至るという構成にあるのではないでしょうか。そこで、学習活動として、ごんと兵十の考え・気持ち・行動を対照的に読むものにしたい。その具体的手段として取り上げたのがごん・兵十の書く日記です。

一つの単元に多くの時間はかけられないとして、日記化をするにしても、一部だけ、あるいは、児童の希望で、ある子はごんだけ、ある子は兵十だけの日記を書かせるかもしれません。物語の展開に従って双方の立場を対照的に見ていくことに意味があるのに、切り取った部分でちょっと書かせたり、一方だけを書かせても意義は乏しくなります。時間は、どの単元も軽重なく扱おうとせず、単元によって時間をかけない方法を採ることにより、ここぞという所では十分に確保できるでしょう。また、時間をかけると子どもたちは飽きてしまうといいますが、そうとも言えません。社会科などの単元にも大変大きなものがあり、配当時間が長いだけでなく、週当りの時間数が少ないため、その単元の継続される期間が長大なものになります。それでも、飽きさせるとは限りません。「ごんぎつね」に二十時間程かけることに躊躇はいりません。

【展開例】（計二十三時間―作業の遅い子もいます。したがって、学校では書き終えられない者が出ます。この時間配当だと、少し作業の残る者は約半数いるかもしれません。安易に宿題にすべきではありませんが、二、三十分以内の宿題は許されていいでしょう。）

第一回　範読、読点区切りで範読・一斉音読。

第二回　一文ごとに範読・一斉音読。

第三回　グループ（三、四人）内で、一文ずつ交代読み。（二、三回）

第四回　三列と教師の四団による一文ずつの交代読み、一人一文ずつのリレー読み。

第五回　形式段落ずつのリレー読み。わからないことを発表し合い考える。

第六回　わからないことを発表し合い考える。

※この「わからないこと」というのは、何か深い意味でもあるのか、特に大きな意味はないのか、どんなに読んでもはっきりしない所です。これらを先に片付けておくのです。次のような所です。もっと単純なものは音読途中で解決していきます。

・円いはぎの葉が一まい、へばりついていました。

・びくを土手に置いといて、何をさがしにか、川上の方へかけていきました。
・(うなぎを)あなの外の草の葉の上にのせておきました。
・赤いいど
・ひがん花が、赤いきれのようにさき続いていました。

第七回　日記を書くための日付を考える。
第八回　一の部分に対応して十月一日のごんの日記を書く。かなりの一斉指導をしながら、書き方を理解させていく。(二時間)
第九回　一の部分に対応して十月一日の兵十の日記を書く。前時のパターンに準じて指導。
第十回　二の部分に対応して十月十日のごんの日記、兵十の日記を書く。(二時間)
第十一回　前時の日記の検討。(作品例を通して)
第十二回　三の前半部分に対応して十月十一日のごん、兵十の日記を書く。
第十三回　前時の日記の検討。
第十四回　三の後半部分に対応して十月十二、十三、十四、十五日のごん、兵十の日記を書く。
第十五回　前時の日記の検討。四、五に対応して十月十六日のごんの日記を書く。
第十六回　前時の日記の検討。四、五に対応して十月十六日の兵十の日記を書く。
第十七回　前時の日記の検討。

第十八回　六に対応して、十月十七日の兵十の日記と撃たれたごんの一言（吹き出し）を書く。
第十九回　前時の日記、吹き出しの検討。
第二十回　感想を書くなど。
第二十一回　感想の紹介など。

◇前時の日記の検討について

指導者は児童の作品をそれまでに読んでおきます。前日に提出済のものは前日の放課後等に。宿題にしてやってきたものは、児童の休憩時間や空き時間に読みます。そのためには、時間割を変えて午後に持ってくるなどの必要もあります。

児童の作品には本当に優れた書きぶりのものが必ずや出るでしょう。それを紹介します。また多くの者が共通に陥る誤りや、読みの不足などもあります。これを指摘し、本文を読み深める手だてとします。

◇第八回の指導

日記というのは、その日にあったことを何から何まで全部書くのではなく、その日の一番心に残ったことを書くもの。では、この十月一日のごんにとって日記に書きたかったのはどんなことだろうか、と考えさせます。結局、それは、兵十のうなぎを盗んで、見つかり、大変な思いをしたということだと理解されるでしょう。それをただ、「きょうは兵十のうなぎを盗んで、見つかり、大変な思いをした」では、そっけなさすぎます。できごとの経過やごんの思いが表れる程度にもう少し詳しく書こう、ということにします。書かせながら、一概には言えませんが、「こんなことまで日記に書くだろうか」「そんなことをごんはちゃんと見ていただろうか。作者は情景を説明してくれていても、その情景をごんが見ているとは限らない。」と問題にします。(児童はどちらかというと書き過ぎになるのです。)

日記に書くべきでない部分は次のような所です。(ごんの日記)

①(あなの中に)しゃがんでいた。
②(あなから)はい出ました。
③辺りのすすきのほには、まだ、雨のしずくが光っていました。
④ただのときは水につかることのない、川べりのすすきや、はぎのかぶが黄色くにごった水に横だおしになって、もまれています。
⑤ぬかるみ道を
⑥ぼろぼろの黒い着物をまくし上げて、こしのところまで水にひたりながら
⑦はちまきをした顔の横っちょうに、円いはぎの葉が一まい、大きなほくろみたいにへばりついていました。

以下省略します。以上のような書かない部分の考察に基づく「ごんの日記」は次のようになりま

す。腹案として書いてみました。兵十の日記も同様に、書かない部分を考えた腹案を載せます。

十月一日（晴れ）　ごん

きょうはやっと雨が上がった。空はからっと晴れてもずの声がキンキンひびいていた。散歩しているうち、川に出ると、川の中に兵十がいた。兵十ははりきりあみをゆすぶっていた。おれは、草のかげからそうっと見ていると、うなぎやきすがとれていて、兵十はびくの中にぶちこんでいた。そして、またはりきりあみをしかけ、びくは土手に置いたまま兵十は川上の方へかけていった。おれは、二、三日も雨で外に出られなかったんで久しぶりにいたずらがしたくなった。まず、びくの中の魚を川に投げこんでやった。もちろん、またあみにかかってはおもしろくないから、あみがしかけてあるより下手に投げた。おれ様は頭がいい、と思っていたら、最後、太いうなぎがつかめない。じれったくなって、頭をびくの中につっこんで、うなぎの頭をくわえた。うなぎが首に巻きついてきた。そのとき兵十が「ぬすっとぎつねめ」とどなりたててきた。おれはびっくりして一目散ににげた。うちの近くまで来てふり返ってみたけど、もう兵十は追いかけてきてはいなかった。ほっとした。うなぎの頭をかみくだいてやっとはずした。そして、（おまじないに）外の草の葉の上にのせておいた。おもしろかったけど今日はスリルあり過ぎだったなあ。

一方、同日の兵十の日記はこんなふうになります。

十月一日（晴れ）　兵十

きょうは雨が上がったので、久しぶりに川にはりきりあみをしかけてあったのを上げに行った。水がまして流れが速くて大変だった。一度上げて、えものをびくに入れて、またあみをしかけた。魚が入りそうか、様子を見にちょっと川上に行って帰りかけると、ごんのやつがびくのえものをぽんぽん川に投げこんでいるのが見えた。急いでもどった。ごんはうなぎに首を巻きつかれている。「ぬすっとぎつねめ」とどなったら、あわてて飛び上がってにげて行く。ごんの速いこと。とちゅうまで追いかけたが、あきらめてもどった。何というきつねだ。今度見つけたらただじゃおかない。

※「何をさがしにか、川上の方へかけて行きました」をどう解釈するかに悩みます。母親にうなぎを食べさせたくてはりきりあみをかけたと考えられないことはないと思います。

事例㉓（5年）

「大造じいさんとガン」（椋　鳩十）

―「大造じいさんと研究者との対話」を書こう―

　この物語のガンの頭領「残雪」と「ごんぎつね」の「ごん」は、双方とも人間とかかわっていく存在ではあっても、まったく違った性質を持っています。ごんの方は、物語の中で明らかに人格化されています。いくら賢いと言われるきつねであっても、本来のきつねは、「ごんぎつね」の中でするようなことはしません。兵十の話すことを理解し、考え、届け物をするなど、読者は、一般のきつねのすることとして読むのではなく、特別の、人間に準ずる「ごん」だけがすることと思って読むでしょう。これに対し、「残雪」は、あくまで動物である。読者は、「大造じいさんとガン」を、基本的に、動物の生態を忠実に生かしたものとして受け取るはずです。改めて、二作品を比べてみると「ごん」は人間のように「　」で示される言葉をしゃべっているのに対し、「残雪」は全くしゃべらないのです。扱いが違うことが明白だと言えます。

　したがって、「ごんぎつね」の書き換え学習として、ごんと兵十の日記を書くことが成り立っても、「残雪」が日記を書くなどはあり得ないのです。このような認識を持たず、残雪に何か人間のような言葉を言わせるのは、教育の技術だからといっても許容範囲を越えると思います。最後の場面で、大造じいさんが「堂々と戦おうじゃあないか。」と残雪に呼びかけますが、残雪がこれにどう答えるかなどという問題を出すのは、やめたい。残雪は、人間のそのような言葉を理解して人間のように考える存在ではないのです。

この物語は、児童の中にも、単純素朴に大造じいさんとガンに感動するにはどこか引っかかるという感じを持つ者がいると思われます。文学的教材の指導だから、感動を持って読むことが目標とばかりに、教師は感動させることに努力し、児童は感動することに努力するといった授業が展開されてよいものでしょうか。このようなことを避ける方法として、冷静な聞き手としての動物生態学者を登場させ、大造じいさんと対話させる方法を考えました。以下に示された腹案から、読みの作業が書くことを通して有効に行われるか検討していただきたい。

【腹案】

学者　私は、鳥の行動について研究しています。残雪という、りこうなガンがいると聞いて、そのことを詳しくお聞きしたくて参りました。よろしくお願いします。

大造　残雪は、仲間がえをあさっている間、油断なく気を配っていて、猟銃の届く所まで決して人を寄せつけない。わしは、残雪が来るようになってから一羽も手に入れられなくなった。いまいましかったですよ。

学者　ほう。猟銃の怖さを知っていて、怖さを知らないガンにそれを伝える能力があるということなんですね。

大造　まあそういうことでしょうか。で、わしは、考えた。猟銃を使わない方法をね。わしは、うなぎ釣り針にタニシをつけて、これで取ろうとした。ガンがえをあさる辺り一面にくいを打ち込んで、ここにたたみ糸で結び付けた。

学者　それでもうまくいかなかったというわけですね。

大造　いや、かかっておった。一羽だけだが。久しぶりのことだから嬉しかったですよ。

学者　いい方法だったんですね。残雪も大したことないんじゃないですか。

大造　いや、わしは、たかが鳥のことだから、うまいタニシにつられて、また一羽ぐらいかかるだろうと思って、その翌日も同じことをやったんだ。

学者　それは甘い。

大造　おっしゃる通りですわ。

学者　で、ガンはどういう行動に出たんでしょう。

大造　あれにはびっくりしました。何と、彼らは、タニシだけ食べたんだ。わしが沼地に行くとガンの大群が飛び立って行った。釣り針をしかけた場所まで行ってみると、糸がぴいんと引き伸ばされていて、タニシだけなくなっているんだ。くちばしでくわえて引っ張って、針を飲み込まないようにしたらしい。それもこれも、残雪が指導してやったことに違いないです。

学者　私は、残雪がそれを指導したかどうかわからないことだと思いますが。なぜ、そう言えるのですか。

大造　だから学者さんは困る。まあいい。後まで話を聞いてくれ。次の年もこうなんだ。ガンの好きなタニシを四、五日続けてばらまいた。そうして、夜のうちに少し離れた所に小さい小屋を作ってもぐり込み、ガンの群れを待った。来たら、猟銃を一発打ち込んでやるわけだ。朝になって群れがやって来た。先頭は残雪に違いない。さあ打ってやるとどきどきしながら銃身を握っていたが、何と、ガンの群れは急角度に方向を変え、沼地のずっと端の方に着陸したんだ。また、残雪に見抜かれた。

学者　先頭にいるのが残雪というのははっきりしているんですか。

大造　間違いない。

学者　小屋は怪しいと思うでしょう。ガンたちは、残雪がいなくても小屋ができていたら怪しいと思って近づかないと思いますが、どうですか。

大造　ガンとかカモは鳥の中でもあまりりこうではないと聞いてますがね。

学者　はい。さらにどんなことがあったかお聞きしましょう。

大造　次の年、わしはあの生け捕ったガンをおとりに使ってみた。このガンはわしに大変よくなれていて、口笛を吹けばわしの方に戻ってくる。ガンは最初に飛び立ったものの後について飛ぶもんだ。それで、わしは、夜のうちに、飼いならしたガンをえさ場に放した。朝になるとそこに残雪が先頭になったガンの群れがやって来た。そして、えさ場に下りた。あの小屋の中で、わしは銃で撃つ準備を整え、今こそと思ったとき、ガンたちは一斉に飛び立ってしまった。それはハヤブサのせいだ。

ガンの群れは、先頭の残雪に導かれて逃げたんだが、一羽飛び遅れたのがいた。おとりのガンだ。人に飼われて、野鳥の本能がにぶっていたんだな。ハヤブサはこれをねらった。空中でけられた。二けり目を入れられるとき、残雪が敵にぶつかってきたんだ。わしは初め残雪をねらった。でも撃てなかった。撃てるもんじゃねえ。わしはもう、残雪の味方になっていたわけだな。残雪はハヤブサを大きな羽で力一杯殴りつけた。ハヤブサはよろめいたが、体勢を直して残雪の胸元に飛び込んだ。二羽はもつれあって沼地に落ちてきた。そして、なおも戦っていた。わしが駆けつけると、ハヤブサは逃げて行った。

残雪は胸の辺りから血を流してぐったりとしていた。わしが近づくと、残りの力を振り絞っているように長い首を持ち上げ、わしをにらみつけた。そりゃあ、もう、堂々とした

学者　もんで、鳥とは思えんようだった。いかにも頭領という感じだった。まったくじたばたしなかった。わしは本当に心を打たれました。

大造　なるほどねえ。群れ全体の生存のためにリーダーが敵に向かうという貴重な事例になりますね。

学者　そうでしょう。やはり、残雪はすごい鳥でしょう。

大造　ただ、私は、残雪が特別に頭がいいというのではなく、群れを率いる立場になったガンの習性として、敵に立ち向かったのではないかと思いますよ。頭がいいかというと、逆に、頭は悪いとさえ言えるのじゃないでしょうか。

学者　どうしてそんなことが言えますか。

大造　だってそうでしょう。群れの中の弱い一羽を犠牲にして、残りすべてを守るのと、最も強いリーダーがもしかしたらやられてしまうのと、どちらが群れのためになるでしょうか。残雪が群れを守って生きのびる方が群れのためになるのじゃないですか。ですから、弱い一羽を助ける行動は、ためにならないことをするのですから頭が悪い行動と言えます。

大造　あなたの言いたいことはわかりましたよ。だが、残雪はすごいやつだ。わしは、傷ついた残雪をひと冬めんどうみました。

春になって体力も回復した残雪を檻から放しました。残雪は飛んで行きました。わしは、こう呼びかけた。「ガンの英雄よ。またやって来い。堂々と戦おう」とね。

学者　ガンのなかなか優れた防衛能力。そして、そのリーダーのとる行動について貴重な実例を知ることができました。残雪は、確かにあなたが感動するだけのものを持っているガンでしょう。リーダーの中でも優れた鳥のようですね。しかし、私としては、もっと広く多くの実例を集めて、ガンの生態を明らかにしていきたいと思います。今日は貴重なお話ありがとうございました。

大造　ま、ガンのうまい取り方のヒントになることでも分かったら教えて下さい。

椋鳩十の雁狩方法の情報源

前書き（この東書版にはないが、光村版にはある）には老狩人大造から聞いた話を土台としてこの物語を書いたと書かれています。だから、一般には、この物語に書かれている雁狩の方法は、実際に、猟師たちから聞いたものだろうと思われているかと思います。しかし、この前書きが事実であるかは不明です。私は、物語の中の雁狩の方法がどの程度事実なのか疑問に思い、当時の方法を調べることにしました。そして、見つかったのが、明治二十五年東京博文館発行の農商務省著「狩猟図説」です。この本には、九ページにわたって六種の方法が書かれています。ハヤブサを使うもの、銃で撃つもの、おとりを使うもの、落とし穴に落とすもの、釣るもの、もち縄を使うものです。ここには、ハヤブサが「雁の胸部をつかむ」とか、「衆雁」が仲間を救うのに「両翼を振るい接戦す」とか、「鮒や鮹という最も好きな餌」などという記述も見られます。もしかすると、椋鳩十は、このような文献を参考にした可能性もあると思います。

事例㉔（5年）

「暮らしの中のまるい形」（坂口康）

—絵図を入れてもっと分かりやすい絵本にしよう—

この説明文は、一昔も二昔も前の児童用図書のように、説明文なのに絵も図もなく、写真も白黒といった大変サービスの悪いもので、このようなものは単行本としては売れないでしょう。このことをうまく利用して、児童に、「絵図も入れてもっと分かりやすい絵本にしよう」（「もっと売れる本にしよう」もいい）ともっていくわけです。

この絵本化の活動が、有効な読解学習活動になるわけを簡単に説明しましょう。もしこの説明文を読んだといっても、説明内容を絵図で具体的に説明できないとしたら、十分に読解してはいないのです。（確かに、読解はしていても、表現力が伴わないこともあり得ることではありますが。）ですから、逆に言うなら、絵図で具体的に説明しようと思えば、よく読み返し、正確に理解しなければならないということです。この、よく読み返し、正確に理解しようと読むことは、読解力を育てる最も当たり前な学習活動だと思います。

では、本文の記述に沿って、どのような絵や図を入れていくことになるか述べていきましょう。

まず、本文では、私たちの周囲に、まるい形をしたものが非常に多いと指摘し、例として、ガラスのコップ、缶詰の缶、十円玉などの硬貨、車輪を挙げています。これをまず、絵にし、さらに一、二例見つけて、絵も入れさせると良いでしょう。

次に、どのように丸い形の特徴を利用しているのだろうかと問題提起し、まず、ボタンの例を挙げています。ボタンは、たいてい、平べったい円盤のような形をしていて、直径が同じなので、直径よりやや大きいボタン穴を開けておくと、楽に通せます。しかし、これがもし正方形であれば、向きを合わせないと通らない、と書かれています。これも容易に絵にできます。

次にマンホールのふたです。もし、星形のような形だと、向きを合わせるのがやっかいですが、円形だと向きに構うことがないと示されます。そして、円以外の形だと、向きを間違えるとふたは穴の中に落ちてしまうことが指摘されています。ここでは、円や星形についての絵ばかりでなく、長方形などのふたの寸法を具体的に示して落ちる場合についても図示させましょう。

その次は車輪です。

円の車輪は地面に接する円の外周部から円の中心にある車輪の軸までの高さが常に一定するので、車輪のどの部分が地面に接していても、がたがたすることなく、滑らかに転がっていくと記されています。この説明は、絵なくしてはなかなか分かりにくいです。（絵で示すのも難しい。）

楕円形などの車輪だったら、どうなるかも合わせて絵で説明させましょう。

車輪は、荷物の下にコロを置いたことに始まるという、その歴史に関する一段落は、全文の主題に関係ないことなので、省略する方がすっきりすると思いますが、ここも書きたいなら書かせればよいでしょう。

次は、車輪の応用について書かれています。水車、滑車、歯車がその例として挙げられていますす。ここは、例えば、水車が水流を粉挽きや織布のための動力に変えることができるとだけ書かれていて、そのメカニズムにはふれられていません。だから、ここは、やる気のある児童には他の本を調べてそのメカニズムを書かせてみるのもよいですが、皆にやらせる必要はないです。なお、教科書に載っている、歯車の付いた蒸気機関車（模型）の写真は、歯車の働き（「力を伝え、回る方向や速さを変える」と示されている）を理解させるのには少しも貢献していないので、もっと適切な絵を図書室で探す活動が必要になるでしょう。

最後に、丸い形の特徴が生かされているのは、道具のようなものばかりではないとして、いくつかの例が示されています。一つは、人の話を聞くときにできる人の輪、そして、サーカスのまるい会場。これらの円の持つ意味は、やはり図示して説明させます。コロセウム等に話が及んでいますが、余分なものと思います。競技場はあんな真んまるになっていない方が普通です。野球場もまるくはありません。コロセウム以下の部分は省略した方が良いでしょう。

【絵本の作り方】

見開き一〜二頁の二頁の裏と三〜四頁の三頁の裏を貼り合わせ、三〜四頁の四頁の裏と五〜六頁の五頁の裏を貼り合わせるという製本の仕方があります。この場合、しっかりとした固い本にするには、上質紙に書いたものを画用紙に貼って、それをさらに今述べたように貼り合わせていくとよいです。直に画用紙に書くと消しゴムを使ったとき紙を痛めやすいのです。また、上質紙はB４判全体を使って大きくレイアウトしていくのもよいが、B５判で一頁づつ書かせ、少しずつチェックを受けさせた方が、大幅な修正が必要なとき、気が楽です。頁まるまる書き直してしまってもよいからです。見開き二頁分の書き直しは楽ではないでしょう。

文字の大きさ、見出しのつけ方、前後左右の余白の取り方等に注意を与えます。

表紙は別紙を使い、一頁の裏と最終頁の裏をくるむように貼ります。

特別コラム　イギリスの書き換え法

私は、若いころから現在に至るまでイギリスの学校教育に関心を持って研究もしてきたので、ついでとして、垣間見たイギリスの書き換え法を紹介しておきましょう。

●小学校のナショナル・リテラシー戦略の改訂版に「読み」に関わる「書く」活動はふんだんにありますが、それはほとんど全部「書き拡げ」に思えます。「役になり切って、例えば、登場人物の一人からもう一人に手紙を書く」や「既存のものと異なる見地から物語全体を語り直す」が「模範」として示されています。（丹生裕一、二〇一四年「イングランドのある若手教師による「改訂指針」に準じた授業実践の実際と課題」『就実論叢第44号』で知る。）しかし、これが「読む」目的の下の「書く」なのかは疑問が残ります。読んだことに基づいて書く「書き拡げ」である可能性が高いです。

●ナショナル・リテラシー戦略が施行される前の時代である一九九二年、一九九三年版の『オクスフォード・プライマリー英語教科書』（五分冊）に次のような「書き換え法」と取れる学習活動が指示されています。（松山雅子、一九九八年「イギリスの初等教育用国語教科書にみられる読み方指導」『学大国文41号』。その後、同、二〇一三年『イギリス初等教育における英語（国語）科教育改革の史的展開』に収録。）

・イソップ寓話の現代版再話を六コマ漫画にする。
・ギリシャ神話の一節を会話表現を活用して自分たちで再話し、演ずる。
・「しっかり者の王女様」を読んで、竜と闘う騎士の募集広告を作成する。
・同じく竜を騙す王女の策略を新聞記者になって記事にする。
・「インチ岬の岩」という難破船を詠んだ詩を読んで、生存者となって航海日誌をつける。（詩を散文に書き直す。）
・同じく、難破の様子を新聞記事にする。（同じく詩を散文に書き直す。）
●ロバート・スウィンデル『弟を地に埋めて』を扱う副読本、英語とメディアのセンター、一九九〇年『核戦争を扱った小説作品の読み』（前期中等教育用）の活動内容に次のような書き換え法と取れる学習活動が含まれています。（松岡礼子「イギリス前期中等教育におけるワイダー・リーディングの基礎研究」、一九九九年八月三日筑波大における第九六回全国大学国語教育学会発表資料）
・非常事態下の会議を想定し、その議事録を書く。
・物語の「語り手」を主人公ダニーとは違う登場人物、少女キムに置き換え、彼女の気持ちや考えを書く。日記形式を用いる、または吹き出しを使うなどして書く。
●最近読んだ本に載っていたイギリスの宗教教育の中等教育教科書（藤原聖子、二〇一七年『ポスト多文化主義教育が描く宗教―イギリス〈共同体の結束〉政策の功罪』一八〇頁から一九六頁に引用されているもので、オクスフォード大学出版局、ホッダー社、ハイネマン社のもの）にある「課題」や「アクティビティ」には、書き換えを通して読ませる戦略のものがあり、読解力向上のために国語科が見習うべき学習活動になっていると思いました。宗教の教科書など物好きでもなければむさぼり読むようなものではなく、これを読ませるには、ちょっとやってみたらおもしろいかもと思わせるような、読まなければできない活動を工夫して設定するというのは頭のいいやり方です。（ただ、その課題内容やアクティビティの内容は、宗教教育としては非常に問題のあるものです。）次のようなものです。皆その教科書を読めば書くための材料は得られるようになっています。（⑦は教科書以外も想定されています。）

① 神の仕事を評価しましょう（「ユダヤ教徒は何を信じているのか」単元のもので、「ユダヤ教徒が崇拝する神に対して業務評価書を作成してください。……」とある。）

② 十代のムスリムのために、彼（女）らに、現代社会で何が正しく、何が誤りかに関するイスラムの意見を教える雑誌を作りましょう。（関係者からの聞き取りも勧めている。）

③ ヒンドゥー教を全く知らないソーシャルワーカーに渡せるような、「ヒンドゥー教徒の家」というパンフレットを作りましょう。……

④ 若いユダヤ人に、ユダヤ教の信仰を保てと励ますマルチメディア広報を作りましょう。

⑤　シーク教の中でも特に熱心な信者の集団（精鋭隊）カルサではないシーク教徒に、カルサに入るよう励ますポスターをデザインしてみましょう。……

⑥　その事件が、今発生していると見立てて、ニュース記事を書いてみましょう。誰にインタビューをしますか？（宗教間対立を利用したインド民族運動弾圧法の下に起きた「アムリットサルの大虐殺」の章）

⑦　両団体の代表がテレビでインタビューを受けていると想定しましょう。両者が自分の意見を擁護するためにどう論争を展開するか、シナリオを書いてみましょう。（「イギリス・ヒューマニスト協会（無神論者の団体）とクリスチャン・ボイスのバス広告運動について調べてみましょう。」の次に位置する活動。）

以上のものはまさに私が実践したものと同類です。

因みに、私が持っているイギリスの他の教科書には書き換え法は全く見られませんでした。

出典一覧

〔事例①〕金尾恵子「とりとなかよし」光村図書出版　平成十二年発行教科書（一年上）
〔事例②〕東京書籍「かぶとむし」東京書籍　平成八年発行教科書（一年上）
〔事例③〕角野栄子「サラダでげんき」東京書籍　平成十二年発行教科書（一年下）
〔事例④〕松谷みよ子「花いっぱいになあれ」東京書籍　平成十二年発行教科書（一年下）
〔事例⑤〕植村利夫「たんぽぽのちえ」光村図書出版　平成十二年発行教科書（二年上）
〔事例⑥〕平山和子「たんぽぽ」東京書籍　平成十二年発行教科書（二年上）
〔事例⑦〕中川志郎「ビーバーの大工事」東京書籍　平成十二年発行教科書（二年下）
〔事例⑧〕矢島稔「自然のかくし絵」東京書籍　平成十二年発行教科書（三年上）
〔事例⑨〕大滝哲也「ありの行列」光村図書出版　平成十二年発行教科書（三年上）
〔事例⑩〕長崎源之助「つり橋わたれ」光村図書出版　平成十二年発行教科書（三年上）
〔事例⑪〕吉原順平「もうどう犬の訓練」東京書籍　平成二十七年発行教科書（三年下）
〔事例⑫〕あまんきみこ「ちいちゃんのかげおくり」光村図書出版　平成十二年発行教科書（三年下）
〔事例⑬〕斎藤隆介「モチモチの木」光村図書出版　平成十二年発行教科書（三年下）
〔事例⑭〕新美南吉「手ぶくろを買いに」東京書籍　平成十二年発行教科書（三年下）

〔事例⑮〕川村たかし「サーカスのライオン」東京書籍　平成十二年発行教科書（三年下）
〔事例⑯〕草野心平「春のうた」光村図書出版　平成十二年発行教科書（四年上）
〔事例⑰〕あまんきみこ「白いぼうし」光村図書出版　平成十二年発行教科書（四年上）
〔事例⑱〕武田正倫「ヤドカリとイソギンチャク」東京書籍　平成十二年発行教科書（四年上）
〔事例⑲〕千葉省三「たかの巣取り」東京書籍　平成四年発行教科書（四年上）
〔事例⑳〕今西祐行「一つの花」光村図書出版　平成十二年発行教科書（四年下）
〔事例㉑〕今泉吉晴「ムササビのすむ町」東京書籍　平成四年発行教科書（四年上）
〔事例㉒〕新美南吉「ごんぎつね」東京書籍　平成十二年発行教科書（四年下）
〔事例㉓〕椋鳩十「大造じいさんとガン」東京書籍　平成十二年発行教科書（五年下）
〔事例㉔〕坂口康「暮らしの中のまるい形」東京書籍　平成八年発行教科書（五年上）

あとがき

最後のコラムで紹介したように、イギリスで「書き換え法」が一部にあるのなら、日本の最近の教科書はどうなっているか調べておく必要があると思い、二〇一五年版の教科書を調べました。東京書籍、学校図書、三省堂、教育出版、光村図書の全五種です。これらの教科書の読みの単元の「てびき」などとされる部分に、想定される学習活動が書かれているので、ここを調べました。その結果は次の二社六例でした。


【東京書籍2年下巻】中川志郎「ビーバーの大工事」を基に、「問題」と「答」を作ろう。

【東京書籍3年下巻】吉原順平「もうどう犬の訓練」に書かれていることを基に、リーフレットにまとめよう。

【東京書籍4年下巻】「くらしの中の和と洋」に書かれていることやほかの本で読んだことを紹介する「くらしの中の和と洋ブック」を作って読み合おう。

【教育出版2年上巻】三木卓「えいっ」（クマの父子の物語）を読んで、クマの子になったつもりで、その日にあったことを日記に書きましょう。

【教育出版4年上巻】あまんきみこ「白いぼうし」を読み、松井さんになったつもりで「この日」のできごとを日記に書きましょう。

【教育出版5年上巻】椋鳩十「大造じいさんとガン」を読んで、自分が「山場」と考えたところを、「大造じいさん」の立場で書きかえましょう。

教育出版の教科書には他に「書き拡げ」に類するものも多かった。しかし、他の三社は、感想を発表しましょうとか、話し合いましょう、まとめましょう、整理しましょうなどというもの、あるいは質問への解答要求ばかりでした。

イギリスのコラムの所でも述べたように、純粋に「読み」のために行われるのかは判然としないものもあります。編集者の意図としては「読み」のためのようでも、指導方法によっては、そのようには位置付かない場合があるでしょう。

以上のような実態を見るならば、私の提案は孤立無援というものではないと確認できますが、なおまだ多くの教師がこの書き換え法を知らなかったり、その良さを理解していなかったりという実情と思われます。この本を読んでいただけた方が書き換え法になじみ、ＡＩに負けない読解力を付ける実感を得ていただきたい。さらに方法を進展させ日本の読解指導が読解力を育てるさらに有効なものになっていくことを願います。

また、読解力の指導の効果を科学的に検証しようという立場の方々の目に留まるなら、研究に組み入れていただきたいものと思います。

二〇一九年　五月

後藤　貞郎

【著者紹介】

1945年生まれ。

東京都品川区、目黒区、世田谷区、大田区で小学校教師を勤める。

特に研究的に実践したのは、社会科、特活であったが、39歳での「第三の書く」を提唱する青木幹勇先生（元教育大学付属小学校勤務）との出会い以降、国語科が主となった。

一方、東京学芸大学付属世田谷小学校で実習の担当教官であった高田早穂見先生から聞いたニイルをきっかけとしてイギリスの教育に関心を持つようになり、半年間２回を含む５回の渡英もし、イギリスの教育を調べている。

〔主な著書・論文〕

『個別化・個性化の主張をどう受け止めたらよいか』（大田区教育研究会奨励論文1986年）

『小学校教師の英国学校探訪163日』（自費出版物1993年）

『小学校国語科教科書《読解教材》の使用法研究①［光村版編］』（自費出版物1998年）

『小学校国語科教科書《読解教材》の使用法研究②［東書版編］』（自費出版物1999年）

『日英比較調査：小学校の読みの授業―日本人青年230名と英国人青年246名からの回答に見る―』（自費出版物 2002年）

『イギリスの小学校の個別音読時間』（2004年全国大学国語教育学会・日本比較教育学会）

『イギリスの初等学校教育における「子供中心」とは何だったのか』（2009年日英教育学会）

なお、青木幹勇著『授業を拓く』（国土社1989年）で「ごんぎつねの日記」を紹介していただき、青木幹勇編『「第三の書く」の授業展開』（国土社1993年）では「ＱＡ化による読む力の自主的な開発」を掲載していただいた。

AIに負けない読解力を付ける「書き換え法」

2019年6月20日　初版第1刷発行

著　者　後藤貞郎

発行所　株式会社国土社
〒101-0062東京都千代田区神田駿河台2－5
☎03-6272-6125　FAX03-6272-6126
http://www.kokudosha.co.jp
印刷所　株式会社厚徳社

ISBN978-4-337-79019-3　C3037